MaaS
が都市を変える
移動×都市DX の最前線

牧村 和彦

学芸出版社

左頁：ヘルシンキ市の「交通ビジョン 2050」。化石燃料ゼロを目指したスマートシティや MaaS 先進都市のイメージ（出典：ヘルシンキ市）
右頁：ロサンゼルス市の「デジタル時代の交通戦略 2018」。自動運転社会の到来により街路空間を人間中心にアップデートしていくビジョン（出典：Bloomberg Philanthropies）

左頁：Daimler が中期ビジョンで提示する CASE が実現した都市社会像（出典：Daimler）
右頁：ウィーン市が描く将来のモビリティ社会。2025 年までに自家用車の利用率を 20％、それ以外の交通手段 80％を目指す（出典：ウィーン市）

シアトルで利用できる MaaS アプリ「TransitGo」。
レストランのメニューを開くように現在地から利用できる交通サービスが案内される

3車線の街路をバス、一般車、自転車専用にリデザインしたシアトル。
10年で変貌したダウンタウンでは、雇用が増加し、自動車利用1割削減に成功

パンデミック下のニューヨークで展開された歩行者天国の
オープンレストラン。道路や路上駐車スペースを市民の憩
いの場として開放（出典：ニューヨーク市の公式ツイッター）

NYC Open Restaurants
Siting Criteria

ニューヨーク市のオープンレストランの設置基準（出典：ニューヨーク市）

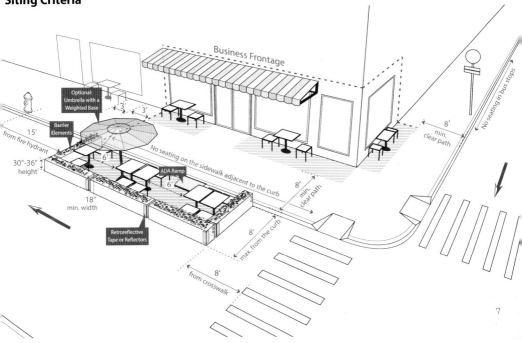

Business Frontage

Optional:
Umbrella with a
Weighted Base

3'   3'

No seating in bus stops

15'
from fire hydrant

Barrier
Elements

8'
min.
clear path

30"-36"
height

6'

No seating on the sidewalk adjacent to the curb

ADA Ramp

8'
min.
clear path

18"
min. width

6'

Retroreflective
Tape or Reflectors

8'
max. from the curb

8'
from crosswalk

次世代の交通ターミナルに生まれ変わったロッテルダム中央駅。
チケットレス・キャシュレス時代のコンパクトなデザインを先取り

アムステルダムの電動カーシェアリングのデポ。
駅や交通不便地域の路肩に戦略的に配置し、カーボンニュートラルを推進

パリのセーヌ川左岸に生まれた東西方向の幹線自転車道。
東西・南北の幹線自転車道を再編し、コロナ禍で50kmの新規自転車レーンを整備

ベルリン市交通局が運行するオンデマンド型交通サービス。
25種類の異なる交通手段を統合したMaaSを官民連携で推進（出典：ViaVAN）

はじめに

　筆者も策定に参加した政府の成長戦略「未来投資戦略2018―『Society5.0』『データ駆動型社会』への変革」（2018年6月）では、MaaS（マース）やスマートシティが国家のフラッグシッププロジェクトとして位置づけられた。それからわずか2年半の間に日本各地でMaaSの実装が始まり、2020年12月にはスーパーシティ型国家戦略特別区域の指定に関する公募も始まった。2021年2月にはトヨタ自動車がウーブン・シティの建設を開始するなど、交通産業や都市分野のDX（デジタル・トランスフォーメーション）は着実に前進している。

　また、2020年12月25日の成長戦略会議においては、経済産業省が関係省庁と連携し、「2050年カーボンニュートラルに伴うグリーン成長戦略」を策定した。カーボンニュートラル実現のための具体的な施策としてMaaSが位置づけられており、特筆すべきは、今後の取り組みに「自家用自動車に過度に依存することのない移動手段を確保し、日常生活における車の使い方をはじめとした国民への行動変容を促す」と明記されたことだろう。自動車を中心とした移動産業に加えて、もう一つ、カーボンニュートラル実現のために新たな移動産業を創出していくものだ。

　MaaSや自動運転、モビリティサービスの電動化は、いずれもカーボンニュートラル実現のための手段である。重要なのは、決してこれら手段の実装が目的ではなく、国民の行動変容を促したその先の都市や道路の姿を描き、カーボンニュートラル実現のための先行投資を国家戦略として立案しロードマップを描いていくことだろう。国土交通省では将来のビジョンとして、「2040年、道路の景色が変わる」を2020年6月に発表、2040年の日本社会を念頭に、道路政策を通じて実現を目指す社会像、その実現に向けた中長期的な政策の方向性を提言した。

　今後、CASE（ケース）やMaaSに代表されるモビリティ革命が都市や道路にどのような影響を与えていくかを総合交通政策の観点から考察し、「道

路の景色が変わる」ための実装を具体的にデザインしていくことが求められている。MaaS やスマートシティは、バーチャル／デジタルに関わる議論が先行しがちであるものの、併せてリアル／フィジカルに関わる議論を踏まえた事業や制度の設計（デザイン）が重要であることは言うまでもない。

　本書は、このような問題認識の下、「MaaS が都市を変える」と題して、スマートシティや MaaS、新たなモビリティサービス、まちづくりに取り組んでいる行政や民間の実務者の方、研究開発に取り組んでいる方、新たなビジネスにチャレンジしたいと考えている方などに向け、実践的な交通まちづくりの専門書として執筆したものである。また、自動車産業は 100 年に一度と言われている大転換期を迎えており、移動だけでなく、移動の先にある産業や目的地との連携が必須の時代となった。自動車産業に従事する方にもモビリティ革命の先にある都市の姿を構想するためのレシピとして手にとっていただければとの思いで執筆した。

　本書は、7 章で構成している。

　1 章では、モビリティ革命や MaaS の本質を解説している。自動車産業に従事している方の中には MaaS を脅威だと誤解している方が未だに多くおり、交通事業者の方からは MaaS の前にやることがあるという話もよく耳にする。ライドシェアリング＝白タクという誤った認識も今なお日本では蔓延している。MaaS の本質を正しく理解することで、初めてそれが都市に与える真のインパクトが想定でき、プラスの影響やマイナスの影響に対する備えや先行投資の議論が始まると考えている。

　2 章では、都市が抱える移動に関する根本的な課題について各地のエビデンスをベースに解説している。たとえ電動化や自動化が進展したとしても、都市の根本的な課題は解決しない。都市を経営していく観点から、MaaS の意義や役割を考えていく上での問題認識や気づきをわかりやすく提示するよう心がけた。地域ごとに抱える課題や政策目標は異なっており、地方都市や中山間地では、移動サービスを設計する前に、まずは自分の地域で供給されているあらゆる移動サービスを把握し、見える化することをお勧めしたい。

3章では、MaaS に代表されるモビリティ革命が都市に与えるインパクトについて、筆者なりの実務経験を通して、先進諸国の最先端の取り組みも交えながら解説した。欧米では 4〜5 年前から CASE や MaaS の進展が都市にどのような影響を与えるかといった議論が活発に行われており、世界最先端の研究者や実務者がさまざまなシミュレーションにより、これらの影響評価に取り組んできている。自動運転技術は、交通事故の減少に大きく貢献するだけでなく、駐車場や街路などの計画の再定義を余儀なくするだろう。beyond MaaS の時代には、移動とさまざまな産業との連携が進み、結節点の価値を再定義すると思われる。これは 10 年、20 年先の話ではなく、まさに世界中で今起きつつあることばかりだ。

　4章と5章では、それぞれアメリカや欧州の各地で起こっているモビリティ革命の最新動向を紹介している。いずれの国や地域においても、政策目標を掲げ、MaaS の実装を目的とするのではなく、政策目標を実現するための一つの有益な手段として MaaS を位置づけている。バーチャルなデジタルの世界だけでなく、フィジカルな空間、リアルな政策も合わせ、両輪で交通戦略を着実に進めている。4章や5章を通して、総合的な交通政策の中期ビジョンを掲げ、移動産業の DX において官民が連携し、法制度や財源と一体となったスキームで取り組むことがいかに重要であるかをご理解いただけるのではないかと考えている。

　6章では、行政や民間の実務者が具体的に取り組むべきポイントについて、筆者が重要と考える七つのポイントを取り上げ、「日本での実装をデザインする」と題してとりまとめた。スマートシティは構想から街が完成するまでには、それなりの時間を要する。モビリティ革命のスピードは都市づくりのスピードよりも速く、将来に備えた勘所を押さえた都市のデザインが求められる。これからスマートシティのビジョンづくりに携わる方やスマートシティの事業に関わっている方々に向け、先進的な取り組みも交えてポイントを提示した。なお、MaaS 時代においては、車両のデザイナー、交通管理者、道路管理者、都市計画家、情報技術者など、多様な領域の専門家がこれまで以上にビジョンを共有し、利害を超えた連携が求められる。

本書を執筆している間に、新型コロナウイルス感染症が世界に蔓延し、今なお世界で猛威を振るっている。最後の7章では、パンデミックと闘う人々や移動サービスに焦点を当て、withコロナ時代のMaaSに向けた取り組みと今後重要となる事項を提示した。コロナ禍においては、さまざまな交通が統合されたMaaSの価値が世界中で一層高まっている。移動サービスの運行頻度の縮小、営業時間の短縮などが生じるなか、代替手段や代替ルート、疎密情報をワンストップで提供し、非接触でトレーサビリティ（追跡可能性）を確保した移動サービスが、ライフラインを維持していく業務に従事するエッセンシャルワーカーにとっても重要な役割を果たしてきた。また、行政が移動回復計画（リカバリープラン）を策定し、暫定自転車レーンや暫定バスレーン、歩車共存道路や歩行者天国などを確保する取り組みが世界中で拡がった。コロナ禍においては、「移動」が高リスクと認識されるなか、安心して移動できるフィジカルな都市空間を確保し、デジタルな情報空間であるMaaSと融合し、危機におけるレジリエント（強靱）なモビリティサービスが誕生したと言っても過言ではないだろう。

　なお、地域ごとに感染症の状況や対策、移動サービスの運用状況がさまざまであることから、本書ではヒアリング時点や原文の発表時等を極力文中に記載するように心がけた。そのため最新の状況とは異なる点に留意いただければと思う。

　本書が、読者の皆様にとってスマートモビリティサービスだけでなく、次世代の交通まちづくり、スマートシティに関心を抱く機会となり、それぞれの行政政策やビジネス、研究開発に役立つものとなることを願いつつ、日本の再興の一助になれば幸甚である。

2021年1月

牧村和彦

目次

1章

MaaSの本質とは

1　MaaS の本質とは

1）利用者がオーダーメイドできる移動サービス

　移動革命の本命と言われ、世界中で話題となっている「MaaS：Mobility as a Service（マース）」。MaaS とは、従来の自家用車や自転車などの交通手段をモノで提供するのではなく、サービスとして提供する概念である。「あなたのポケットにすべての交通を」というキャッチフレーズは世界中で共感を呼び、MaaS は、スマートフォン（以下、スマホ）一つでルート探索から予約、決済、発券までが行え、「移動の所有から利用へ」を一つのパッケージとして商品化した、究極の交通サービスである。

　MaaS は、決して便利なアプリを開発することが目的ではない。自動運転やカーシェアリング、配車サービスなど個別の新しい移動サービスの概念でもない。**MaaS は自動車という伝統的な交通手段に加えて、新たな選択肢を提供し、自家用車という魅力的な移動手段と同等かそれ以上に魅力的な移動サービスにより、持続可能な社会を構築していこうというまったく新しい価値観やライフスタイルを創出していく概念だ**[*1]。

　地球温暖化への対応は待ったなしであり、世界では毎年 130 万人を超える人々が自動車による事故で亡くなっている。今後も増え続ける「買い物難民」への対応、若者に代表される外出率の低下、マイカー保有者と非保有者との移動格差、縮小する交通産業の再生など、課題は山積している。自動車しか移動の選択肢がない地域では、運転免許返納後、移動が困難になり、自力での生活維持ができなくなる恐れがある。本格的な高齢社会を迎え、自動車しか選択肢がないことでマイカー利用を続けざるをえない人が今後ますます増加するだろう。

　これら課題の解決策の一つとして、新しい移動サービスを育成し、既存の交通手段と連携して移動手段の選択肢を増やし、交通産業の再生を促進していく MaaS に対する期待は非常に高い。100 年以上の歴史を誇る世界最大の

交通事業者連合組織 UITP（国際公共交通連合）では、MaaS を次のように
定義している[*2]。

　MaaS とは、さまざまな移動サービス（公共交通機関、ライドシェアリング、
カーシェアリング、自転車シェアリング、スクーターシェアリング、タクシー、
レンタカー、ライドヘイリングなど）を統合し、これらにアクセスできるよう
にするものであり、その前提として、**現在稼働中で利用可能な交通手段と効率
的な公共交通システムがなければならない**。この**オーダーメイドなサービス**は、
利用者の移動ニーズに基づいて最適な解決策を提案する。MaaS はいつでも利
用でき、計画、予約、決済、経路情報を統合した機能を提供し、自動車を保有
していなくても容易に移動、生活できるようにする。

　ここで重要なのは、「前提として利用可能な交通手段と効率的な公共交通
システムがなければならない」としている点であろう。自家用車しか選択肢
がないような地域では、MaaS とは異なる解決策が求められることは言うま
でもなく、選択する交通手段自体に課題を抱えている場合には、交通手段の
改善が最優先される政策であろう。日本では、MaaS ですべての交通問題を
解決するかのような議論が散見される。だが、地域ごとに抱える課題や今後
生じる課題は千差万別だ。将来のビジョンを掲げながら、市民を巻き込みな
がら戦略的かつスピーディーな対策、いわゆるタクティカルな交通戦略の一
つとして、MaaS に取り組んでいく姿勢が求められる（アメリカでは、「タ
クティカル・トランジット」と言う）。
　また、「オーダーメイドなサービス」という点も、従来の移動サービスに
はないまったく新しいものだ。たとえば、これまで東京駅から新宿にある都
庁を目的地としてルート検索した場合、検索アプリにより多少の差はあるも
のの、100 人が検索すれば 100 人に対して同じ結果が提示される。これまで
の検索アプリでは利用者が時間や運賃、乗り換え回数等の条件を指定するこ
とで、その人のニーズに応えてきた。
　一方、欧米で先行している MaaS アプリには、自分の趣味趣向や好みの

交通手段等を事前に登録し（その都度の変更も可能）、個人のニーズに沿った移動手段や移動経路を案内するものが登場している。また、自らが友達や知人同士でのイベントを作成し、イベントに応じて移動手段を自由に組み合わせたりするようなユニークなサービスも始まっている（たとえば、Here（ヒア）社の MaaS）[*3]。

　公共交通や徒歩などの環境負荷の小さい移動手段の利用を促していくような取り組みも始まっており、日々の交通手段ごとの移動距離をポイント化し、ポイントをインセンティブ（蓄積したポイントで商品に交換できるなどの特典がある）に地域の目標達成にチャレンジしている都市も出現している（アメリカ・サクラメント、フィンランド・ラハティほか）[*4]。

　以前、フィンランドの首都ヘルシンキで実証していた都市部のオンデマンドバスについて市交通局（HSL）の責任者に話を伺う機会があった。その責任者の方は元 Nokia（ノキア）出身で、彼の言葉は今でも忘れられない。これまでの公共交通は、利用者のために移動をサービスするというスタンスではなく、事業者側の都合で運行してきた。その固定観念を変え、交通事業者内部から顧客目線で移動サービスを改革していくため、その手段としてオンデマンドバスを実証しているとの話だった。

　この実証実験では、スマホで近くのバス停留所までバスを呼び、バスの方向幕には利用者が呼んだ番号が表示される。多くの利用者は自分のためにバスが来てくれたと思い、交通局が自分のためにサービスをしてくれたと感じるそうだ。また、これまでは目的地のバス停留所までしか案内されなかった経路案内を、バス停留所から目的地までの歩行経路も案内するようにした。このプロジェクトは大都市の中心部を対象とし、市民がこれまで体験したことのないまったく新しい移動体験を顧客目線で提供しようとした野心的なプロジェクトであった。筆者もこの「Kutsuplus（クッツプラス）」というサービスを現地で体験し、まさにオーダーメイド、顧客目線の移動サービスの一端を実感することができた。

　このようなオーダーメイドのサービスはほんの一例であり、MaaS は日々収集される数百万人、数千万人の利用者の移動履歴から、その人に合った外

出、移動を支援するサービスとして、日々進化していることも大きな特徴であろう。

2）交通産業の刷新と多様な産業の参入

　MaaS と聞くと、得てして決済や移動サービスの統合に注目がいきがちであるものの、これまでの交通機関の近代化、デジタル化は必須条件である。MaaS が多くの関心を集めていることを契機に、交通の近代化を同時に進めていくことが戦略上重要となる。

　たとえば、オランダでは政府が 2019 年に始めた全国レベルでの MaaS 実証実験に合わせて、MaaS 事業者のための API（アプリケーション・プログラミング・インターフェース）のブループリント（青写真）を 2020 年 5 月に公表した[*5]。

　MaaS 成功のカギは交通機関のデジタル化であり、利用者、交通事業者、MaaS 事業者の 3 主体間での情報を円滑に流通していくルールづくりが肝要だ。交通事業者からの情報は API を通して MaaS 事業者に提供され、MaaS 事業者を通じて利用者がサービスを受けることになる。オランダ政府公表のブループリントでは、この API に着目し、データの標準化や考え方などを具体的な移動のシチュエーションごとに提示している。また、諸外国で広く運用されているさまざまな移動サービスの API 事例なども豊富に紹介されている。

　今後 5G や 6G により車両がさまざまなサービスとつながり、コネクティッド（インターネットに接続）で電動化、自動化が進んでいくことは確実だ。マイカーのスマホ化は待ったなしである。日本の基幹産業である自動車産業の技術を広く横展開し、マイカーに限ることなく、移動サービス全体に、さらには他産業に拡げ、連携していくことが重要であろう。

　MaaS 発祥の地として知られるフィンランドにおいては、運輸通信省が MaaS の概念を図 1 のように定義している。人とモノのシェアリングが進み、個人の趣向にあった個人向けの移動が支援され、ビッグデータや決済、プラ

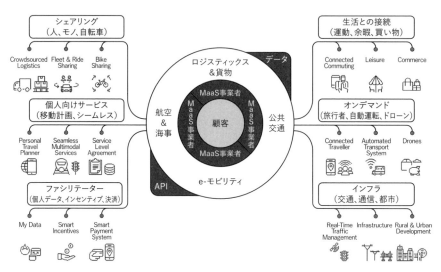

図1　MaaS の本質（出典：フィンランド運輸通信省のデータをもとに作成）

イシングやポイント連動などで人々の行動変容を促していく。そして、通勤
や余暇、買い物などの生活と一層密着したサービスへと進化し、オンデマン
ドでサービスが提供されていくことで、最終的には都市や通信、交通といっ
たインフラ全体とつながる。そういうしくみを顧客目線で提供していくとい
う考えだ。

　繰り返しになるが、このように MaaS は、日本で時折紹介されるような
便利なアプリをつくるだけの概念ではなく、シェアリングサービスのことで
もない。MaaS の根底には交通産業の育成と技術革新があり、これまでの交
通政策の延長として、また、さまざまな交通課題への解決策の一つとして、
国や地域の重要施策に位置づけられている。

　フィンランドでは、2018 年に交通サービス法（Act on Transport Ser-
vices）が可決した。世界初の MaaS 法としても注目の取り組みだ。この法
改革の目的は、より良い交通サービスを利用者に提供し、交通マーケットに
おける選択の自由を拡大することにある。老朽化しつつある交通産業を刷新
し、若者にも魅力的な産業として育成していく狙いもある。法律では、移動

形態にかかわらず、移動サービスの事業者は、サービスに関する必須の最新データを情報システム（オープンインターフェース）で自由に利用できるようにしなければならないとしている。データは、規格に適合し容易に編集でき、コンピュータで読み取り可能な形式で提供されなければならない。この必須データには、経路、停留所、時刻表、運賃、利用可用性、アクセシビリティ、および発券／決済システムの販売に関する情報が含まれている。

　裏を返せば、フィンランドで移動サービスに関するビジネスを新規に行う場合には、行政にさまざまなデータを提供することが求められる。行政側からすれば、新規参入に対してのガバナンスを高め、事業者の納税を管理するためのものだ。フィンランド発祥のスタートアップ企業 MaaS Global（マース・グローバル）社は、「Whim（ウィム）」というサービスを商用化し、世界中でその動向が注目されている。フィンランドにおいては、MaaS は自国の新しい産業を育成し、インフラを輸出していく旗艦事業の一つなのである。MaaS Global 社はヘルシンキでスタートし、その後、ブリュッセルやウィーンなどに海外展開しており、日本での実証実験もスタートした[*6]。

　MaaS は、世界中の交通事業者、自動車会社、Google や滴滴出行（ディディ）などのテクノロジー企業、Uber（ウーバー）や Lyft（リフト）などのオンデマンド型交通サービス企業だけに限らず、今や電気・電子、IT などさまざまな企業が事業化を進めている。モビリティ産業自体の裾野は広く、交通事業者を支えている銀行、証券、保険、エネルギー、通信、地図、物流、商社といった企業などが事業に参加しており、MaaS を推進する専門の部署も数多く立ち上がっている。さらに、周辺産業との連携が拡がっているのは、日本の大きな特徴であろう。不動産、医療・福祉、建築・都市、観光、教育など、多様な企業が事業に参画し始めている。政府や地方自治体も新しいモビリティサービスを育成し、また、自らがプラットフォーマーになり、都市を経営していく政策を推進し始めている。まさに移動革命としてMaaS が多様な産業から注目されている。

2　日本版 MaaS の始動

1）日本政府の MaaS 推進政策

　日本においても、MaaS は国を挙げて産官民が一丸となって取り組んでいく重要なテーマとなっている。2018 年の政府の成長戦略である「未来投資戦略 2018」においては、「Society 5.0」の実現に向けて変革の牽引力となるフラッグシップ・プロジェクトとして、MaaS が初めて重点施策に位置づけられた。世界に先駆け、自動運転および公共交通全体のスマート化を含む「次世代モビリティ・システム」を実現することが 1 丁目 1 番地に掲げられ、公共交通のスマート化のため、まちづくりと公共交通の連携を推進し、自動走行等の新技術の活用、効率的な輸送手段、買い物支援・見守りサービス、MaaS などの施策連携により、利用者ニーズに即した新しい移動サービスのモデル都市・地域をつくることが謳われた。また、この未来投資戦略で初めて、政府としてスマートシティを推進していくことが明記された点も注目だ。

　その後、2019 年の「成長戦略実行計画」においては、モビリティ分野として、①交通事業者が協力する自家用有償旅客運送制度の創設、②タクシーの相乗り導入、③ MaaS の実現、が重要な柱として位置づけられ、MaaS に関する具体的な事業やロードマップが示され、日本の成長を牽引していく重要施策として、政府主導の MaaS プロジェクトが始動している。

　未来投資会議（安倍政権下で成長戦略を議論した会議、現在は廃止）の方針を受け、国土交通省では「日本版 MaaS」の将来像や、今後の取り組みの方向性などを検討するため、「都市と地方の新たなモビリティサービス懇談会」を立ち上げ、2019 年 3 月には地域横断的な今後の政策課題、地域タイプごとの今後の取り組みの方向性を示した中間とりまとめを公表した。局の壁を越え、総合政策局、道路局、都市局が一丸となってとりまとめたものであり、国土交通省の本気度が伝わってくる。

　あわせて、地域公共交通活性化再生法の見直しが議論され、2020 年 1 月

の中間とりまとめ（案）において、「地域公共交通計画」の新設、MaaS を推進する「新モビリティサービス事業計画（仮称）」が提案された。その後、同年 5 月 27 日に法案が可決、11 月 27 日に施行されている。改正された法律の中では、地域が自ら公共交通をデザインし、地方公共団体による「地域公共交通計画」（マスタープラン）の作成が努力義務として位置づけられており、MaaS に関しては、参加する複数の交通事業者の運賃設定に係る手続きのワンストップ化、MaaS 協議会制度の創設（新モビリティサービス事業）が盛り込まれている。

　また、国土交通省は、MaaS における円滑なデータ連携を後押しするため、2020 年 3 月 19 日に日本で初めて「MaaS 関連データの連携に関するガイドライン ver.1.0」を策定し、公表した。さらに、地域の移動手段の確保を支援していく目的で、AI オンデマンド交通の導入を推進するためのモデル都市として、6 地域・6 事業者に交付を決定、加えて、キャッシュレスを推進していくために、9 地域・9 事業者をモデル事業として選定している（図 2）。

　また、経済産業省では「IoT や AI が可能とする新しいモビリティサービスに関する研究会」を立ち上げ、2018 年 10 月に中間整理を公表した（筆者も研究会のメンバーとして参画）。中間整理では、グローバルな動向を客観的に捉え、日本が置かれている課題を指摘した上で、日本の移動サービスにおける課題を網羅的にとりまとめている。

　日本の課題をビジネス実態面と制度面で指摘しており、ビジネス実態面では、移動サービス関連データのデジタル化の遅れ、データ連携を阻む事業者間の垣根、異業種の参画の不十分性等の課題を挙げている。

　また、制度面については、法令で全面的に禁止されているようなサービス形態はほとんど存在しないものの、細部を見てみると、新サービスに対する法令の適用範囲や制約条件が不明確である等の理由により、たとえばワンウェイ型カーシェアリング、デマンド交通、ラストマイル配送無人化など、海外と同等レベルでのサービスは提供できないことを指摘しており、今後の MaaS 推進の上での下敷きとなる体系的な整理がなされている。

　さらには、経済産業省と国土交通省が連携し、新しい移動サービスの社会

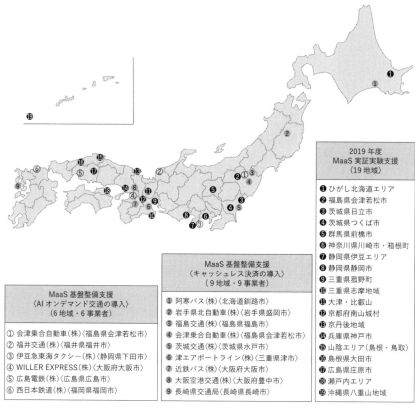

2019 年度
MaaS 実証実験支援
（19 地域）

❶ ひがし北海道エリア
❷ 福島県会津若松市
❸ 茨城県日立市
❹ 茨城県つくば市
❺ 群馬県前橋市
❻ 神奈川県川崎市・箱根町
❼ 静岡県伊豆エリア
❽ 静岡県静岡市
❾ 三重県菰野町
❿ 三重県志摩地域
⓫ 大津・比叡山
⓬ 京都府南山城村
⓭ 京丹後地域
⓮ 兵庫県神戸市
⓯ 山陰エリア（島根・鳥取）
⓰ 島根県大田市
⓱ 広島県庄原市
⓲ 瀬戸内エリア
⓳ 沖縄県八重山地域

MaaS 基盤整備支援
〈キャッシュレス決済の導入〉
（9 地域・9 事業者）

① 阿寒バス(株)〈北海道釧路市〉
② 岩手県北自動車(株)〈岩手県盛岡市〉
③ 福島交通(株)〈福島県福島市〉
④ 会津乗合自動車(株)〈福島県会津若松市〉
⑤ 茨城交通(株)〈茨城県水戸市〉
⑥ 津エアポートライン(株)〈三重県津市〉
⑦ 近鉄バス(株)〈大阪府大阪市〉
⑧ 大阪空港交通(株)〈大阪府豊中市〉
⑨ 長崎県交通局〈長崎県長崎市〉

MaaS 基盤整備支援
〈AI オンデマンド交通の導入〉
（6 地域・6 事業者）

① 会津乗合自動車(株)〈福島県会津若松市〉
② 福井交通(株)〈福井県福井市〉
③ 伊豆急東海タクシー(株)〈静岡県下田市〉
④ WILLER EXPRESS(株)〈大阪府大阪市〉
⑤ 広島電鉄(株)〈広島県広島市〉
⑥ 西日本鉄道(株)〈福岡県福岡市〉

図 2　国土交通省の MaaS 関連のモデル地域・事業者 (出典：国土交通省記者発表、2020 年 7 月 3 日)

　実装を通じた移動課題の解決、および地域活性化に挑戦する地域や企業を応援する新プロジェクト「スマートモビリティチャレンジ」を 2019 年 4 月に開始した。パイロット事業として全国 28 地域が同年 6 月に選定され、国土交通省と経済産業省がタッグを組んで新しいモビリティ社会の創造に取り組んでいくという、国家としての強力なメッセージが込められた事業である。
　スマートモビリティチャレンジを推進していく母体として、スマートモビリティチャレンジ推進協議会を立ち上げ、具体的なニーズやソリューションに関する情報共有を促すとともに、新しいモビリティサービスの事業性や社

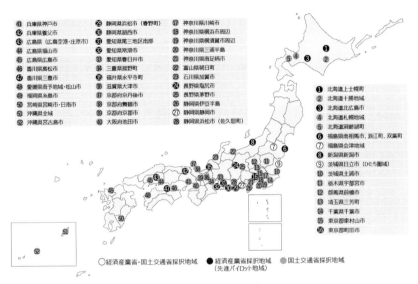

㊶ 兵庫県神戸市	㉙ 静岡県浜松市（春野町）	⑰ 神奈川県川崎市
㊷ 兵庫県養父市	㉚ 静岡県湖西市	⑱ 神奈川県横浜市周辺
㊸ 広島県（広島空港・庄原市）	㉛ 愛知県尾三区南部	⑲ 神奈川県横須賀市周辺
㊹ 広島県福山市	㉜ 愛知県常滑市	⑳ 神奈川県三浦半島
㊺ 広島県広島市	㉝ 愛知県春日井市	㉑ 神奈川県南足柄市
㊻ 香川県高松市	㉞ 三重県菰野町	㉒ 富山県朝日町
㊼ 香川県三豊市	㉟ 福井県永平寺町	㉓ 石川県加賀市
㊽ 愛媛県南予地域・松山市	㊱ 滋賀県大津市	㉔ 長野県塩尻市
㊾ 福岡県糸島市	㊲ 京都府京丹後市	㉕ 長野県茅野市
㊿ 宮崎県宮崎市・日南市	㊳ 京都府舞鶴市	㉖ 静岡県伊豆半島
51 沖縄県全域	㊴ 京都府京都市	㉗ 静岡県静岡市
52 沖縄県宮古島市	㊵ 大阪府池田市	㉘ 静岡県浜松市（佐久間町）

① 北海道上士幌町
② 北海道十勝地域
③ 北海道北広島市
④ 北海道札幌地域
⑤ 北海道洞爺湖町
⑥ 福島県南相馬市、浪江町、双葉町
⑦ 福島県会津地域
⑧ 新潟県新潟市
⑨ 茨城県日立市（ひたち圏域）
⑩ 茨城県土浦市
⑪ 栃木県宇都宮市
⑫ 群馬県前橋市
⑬ 埼玉県三芳町
⑭ 千葉県千葉市
⑮ 東京都東村山市
⑯ 東京都町田市

○経済産業省・国土交通省採択地域　●経済産業省採択地域　■国土交通省採択地域
（先進パイロット地域）

図3　スマートモビリティチャレンジ 2020 に選定された 52 地域（出典：経済産業省記者発表、2020 年 7 月 31 日）

会受容性を向上させるポイント、地域経済への影響、制度的課題等を整理し
ながら、ビジネス環境を整備していく。2020 年 12 月時点で、協議会会員は
289 団体を数え、105 の自治体、156 の事業者、28 団体がメンバーに名を連
ねる日本版 MaaS を牽引していくプラットフォームが稼働している。

　スマートモビリティチャレンジは 2020 年で 2 年目を迎え、2 年目のパイ
ロット事業として、全国で 52 地域を選定、7 月 31 日に公表した（図 3）。実
証実験や事業性分析等を実施し、ベストプラクティスの抽出や横断的課題の
整理等を行うことを通じて、地域モビリティの維持・強化、さらには移動課
題の解決、地域経済の活性化を推進していく事業である。

　62 地域から応募があり、経済産業省では先進パイロット地域として 16 地
域（うち 3 地域は国土交通省と重複）を選定している。1 年前の応募数は 24
地域で、応募数は急増しており、全国各地でこの分野の関心の高さがうかが
える。2019 年度の実証結果を踏まえ、①他の移動との重ね掛けによる効率
化、②モビリティでのサービス提供、③需要側の変容を促す仕掛け（移動需

要を喚起)、④異業種との連携による収益の活用・付加価値の創出、⑤モビリティ関連データの取得、交通・都市政策との連携、といった観点から選定された。また、横断的取り組みとして、自動運転とMaaSを融合した事業が選定されている点も注目だ。

国土交通省では、38地域(うち3地域は経済産業省と重複)を選定しており、中山間地域の移動支援、移動弱者の支援、オールドニュータウンの移動支援など、地域課題を解決する手段としてMaaSの実証が位置づけられている。移動だけでなく、医療、観光、商業、保育、教育、エネルギーなどと連携する事業も多い点が特徴的だ。

また、スマートモビリティチャレンジに選定された事業には、withコロナ時代に対応し、ITなどで移動の安心を提供する内容も数多く盛り込まれており、いずれも大いに期待できるプロジェクトが目白押しだ。

また、内閣官房IT総合戦略本部では、「官民ITS構想・ロードマップ2020(案)」を2020年7月15日に公表した。この中では2030年のモビリティの目指す姿が記述され、その将来像を実現するためにMaaS等の新たな移動サービスの取り組みが提案されている。新たな移動サービスの取り組みが地域の課題解決につながるものとするために、官民が連携して後押しし、移動に関連するさまざまな関係者がお互いに情報を共有し利活用できる環境整備の必要性が提言されている。さらに、自動運転の社会実装を進めていく上で、MaaSと自動運転が両輪となり推進していくことの重要性も提言されている。

ITSという高度道路交通情報システムにより、人々のライフスタイルは飛躍的に進展してきたことは紛れもない事実であり、カーナビゲーションやETCなどは誰もがその価値を享受し、広く普及している技術の代表例だ。

一方でこの10年でITSの世界も大きく様変わりしてきたのも事実だろう。年に一度開催されるITS世界会議は、世界中からモビリティ産業のプレイヤーが参加するビッグイベントだ。10年前は自動車会社や関連企業がその主役であったものの、昨今はIT企業や地図会社、ベンチャー企業など、その顔ぶれも様変わりしてきている。テーマも自動車単体の技術から、最近は

スマートシティ、MaaS、自動運転などまちづくりに関するテーマへと大きく変化している状況だ。

　今回の官民 ITS 構想・ロードマップには、フィジカル空間の取り組みと MaaS プラットフォームとの連携にも触れられており、都市計画等も踏まえつつ交通結節点や走行空間の整備等を推進していくとしており、自動運転から自動運転社会を目指していく方向性に大きく転換した内容となっている。

　さらに経済産業省では、2020 年 12 月 25 日に 2050 年のカーボンニュートラルを実現していくための「グリーン成長戦略」を発表した。今後の取り組みの中では、地域公共交通の充実や MaaS の利便性向上の取り組みを官民一体で推進し、日常生活における車の使い方をはじめとした国民の行動変容を促していくと明記されており、グリーン成長戦略としても MaaS を引き続き推進していくことが謳われている。

2）民間主導の日本の MaaS

　政府からの力強いメッセージに連動し、「未来投資戦略 2018」が発表された数カ月後の 2018 年 10 月 4 日、トヨタ自動車とソフトバンクが共同で MaaS を推進していくことを表明し、日本で MaaS という言葉が広く世間に知られることとなった。両社は新しい移動サービスの構築に向けて戦略的提携に合意し、新会社「MONET Technologies（モネ・テクノロジーズ）株式会社」の設立を発表、MONET コンソーシアムを立ち上げ、2020 年 12 月 25 日時点で 639 社が加盟する和製 MaaS の推進団体が稼働している。

　また、本格的な MaaS が日本でも始まっている点も注目だ。トヨタ自動車と西日本鉄道が連携し、福岡エリアで始めた「my route（マイルート）」がその代表例だ（図 4）。2018 年 11 月から実証実験をスタートし、19 年 11 月末からパートナーに JR 九州も加わり、本格実施に移行、北九州エリアを含むサービスを開始した。さらに全国展開していくことを 20 年 1 月に発表している。

　時々日本には本格的な MaaS はまだ始まっていないという話を聞く。ま

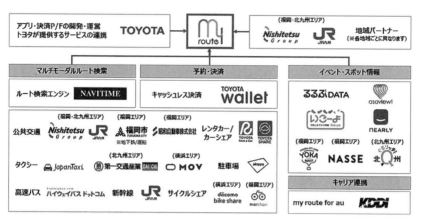

図4　全国へ拡大する福岡発の my route（出典：トヨタ自動車記者発表、2020 年 1 月 16 日）

た、欧州の MaaS と比べると、日本の MaaS はまだまだほど遠いという話も聞く。すでに実証実験から本格的な事業をスタートし、自動車会社と交通事業者がタッグを組んで始まった日本型の MaaS は世界的にも類を見ないものであると筆者は考えている。

　では、「my route」はこれまでの経路案内サービスなどと何が異なるのだろうか。これまでも自動車だけを対象とした経路案内サービス、バスや鉄道などの公共交通機関だけを対象とした経路案内サービスは存在していた。従来のサービスと大きく異なるのは、既存の交通手段に加え、タクシーやカーシェアリング、自転車シェアリング、駐車場予約などの新しい移動サービスを一つに統合した点だ。さらに地域の観光、イベントやグルメ情報などをトリガーに、行き方の案内、予約（タクシー、カーシェアリング、自転車シェアリング）、決済・発券（バス・鉄道の電子チケットほか）までを一つのアプリで実現している点だろう。特に、移動だけでなく、地域で行われるさまざまなイベント情報やグルメ情報と移動が連携している点は、欧州にはないサービスではないだろうか。

　1 年間の実証実験を通してサービスを利用した人の意見も好評だ。新しい経路が発見できたり、今まで行ったことのない場所や店を訪れたりという声

が続々と寄せられている。

　また、バスの電子チケットの販売も好評のようだ。券売機に行かなくても1日券や6時間券が購入できるというメリットは、従来のバス利用におけるハードルを取り除いてくれる。これまでの企画チケットはバスセンター等の特定の施設でのみ取り扱われている場合も多く、利用者は販売場所に行くのにもバス運賃を支払わなくてはならないという、笑えない話は日本中で散見される。電子チケットは改ざん防止の技術が施されており、乗降時に運転手に見せる方式だ。スマホというツールを通して、電子チケットが発券できるというメリットは、今後、曜日や時間帯によってダイナミックに運賃を変動したり、雨天時などに価格を下げたりなど、いろいろな応用が期待できる。

　このような取り組みが評価され、my route は IAAE（国際オートアフターマーケット EXPO）実行委員会が主催する「MaaS アワード 2020（正式名：MaaS & Innovative Business Model Award）」のアプリ部門で受賞をしている。自動車メーカーと交通事業者が連携した取り組みは世界的に見ても稀であり、my route は日本型 MaaS の一つの手本となる可能性を十分に秘めているのではないだろうか。

　また、my route は福岡、北九州、水俣に続き、横浜臨海部でも 2020 年 7 月 22 日からサービスを開始している（図5）。事業主体は、神奈川県オールトヨタ販売店（神奈川トヨタ自動車株式会社、横浜トヨペット株式会社、トヨタカローラ神奈川株式会社、ネッツトヨタ神奈川株式会社ほか）であり、ディーラーの生き残りをかけ移動サービスを提供する取り組みだ。神奈川県オールトヨタ販売店が共同設立した株式会社アットヨコハマが運営主体である。

　横浜の my route は地域の公共交通機関に、タクシーやレンタカー、自転車シェアリング、超小型電気自動車（EV）等の新しい移動サービスを加え、これらの予約や決済機能も内包している。驚くべきは、トヨタ自動車のサービスに日産自動車のレンタカーや超小型電気自動車のレンタカーが対象となっていることだろう。また、地元の商店街などとも連携したり、コロナ禍においては地元のテイクアウト店舗の情報を掲載するなど、地域のニーズにマッチした情報を提供するポータルサイト「@ YOKOHAMA（アットヨコ

図 5　横浜でスタートした my route（出典：神奈川県オールトヨタ販売店、2020 年 7 月 22 日）

ハマ）」を開設していることも興味深い。

　さらに、鉄道事業者も次々と MaaS の実運用をスタートしている。JR 西日本は「WESTAR（ウェスター）」という MaaS アプリを商用化し、混雑状況の案内や非接触でのチケット購入などの機能も内包した顧客目線の総合コンシェルジュサービスを 2020 年 9 月から始めており、広島地域の観光型 MaaS「setowa（セトワ）」やこれまでのネット予約サービスとも連携している点が特徴的だ。また、小田急電鉄では MaaS アプリ「EMot（エモット）」に列車の混雑情報を加え、2020 年 10 月に 1 周年を迎えた。2020 年 3 月には東京メトロの「my! 東京 MaaS」がスタート、2020 年 11 月からは東急・JR 東日本・伊豆急行が伊豆エリアで実証実験を実施している観光型 MaaS「Izuko（イズコ）」が第 3 ステージにアップデートするなど、ニューノーマルの時代に対応しつつ、沿線エリアの価値を高める取り組みが本格稼働している。

3 MaaS の先進的な取り組み

　諸外国においては日本よりも先行して、MaaS と言われる以前からさまざまな交通手段を統合する取り組みが行われている。個々の交通手段のサービスを改善しながら、新しい移動サービスとの連携を進め、交通産業の近代化、若者にも訴求するサービスに果敢に取り組んでいる。筆者が共著として出版した『MaaS：モビリティ革命の先にある全産業のゲームチェンジ』や『Beyond MaaS：日本から始まる新モビリティ革命』（以上、日経 BP）では、日本に示唆を与える数多くの先進的な取り組み、日本に参入を目指している事業者などの取り組みを紹介してきた。

　本書では、4 章および 5 章で海外の注目すべき取り組みを具体的に紹介することとし、以下では簡単に最近の新しい動向や興味深い取り組みを紹介したい。MaaS の定義やサービスのイメージは幅広く、具体的な事業者の取り組みをサービス目線で解説する。いずれも、移動の価値を高め、ワクワクする体験を創出していく取り組みばかりだ。

1) 交通事業者主導の取り組み

　欧州では、これまでの駅と駅を結ぶという伝統的な鉄道事業からドア・トゥ・ドアの移動サービスへの移行が加速している。フランス国鉄（SNCF）は 2019 年秋から鉄道と配車サービス（Uber および BlaBlaCar（ブラブラカー））を一括で予約決済できるサービスを始めた。BlaBlaCar は、フランス発の相乗りマッチングサービスであり、急成長するスタートアップ企業だ。サービスは配車サービス企業のプラットフォームではなく、SNCF のプラットフォームが担っている点でも、フランス政府の力の入れようが読み取れる。2020 年 10 月には、自転車シェアリングや電動キックボードなども一括で予約決済ができるサービスにアップデートしている。また、都市間と主要都市（チューリッヒ、バーゼル、ベルン等）を一つのサービスで統合し、従来の定

図6　ドイツ鉄道の公式アプリ「DB Navigator」（出典：ドイツ鉄道）

額サービスに加えて、主要都市での自転車シェアリングや電動キックボード
を定額で乗り放題とする新しいサービスを2020年夏にスタートさせている。

　今後、都市間の自動運転サービスが登場する可能性は高く、既存路線との
競合が予想される鉄道事業者の危機意識は高い。そのため、交通事業者が
MaaSのプラットフォームを担っていく動きが活発だ。

　ドイツ鉄道（DB）は、MaaS分野では世界のトップランナーだろう。
MaaSという用語が広まる以前から、移動サービスを順次進化させてきた。
「DB Navigator（デーベー・ナビゲイター）」というアプリがあれば、ドイ
ツの都市間の移動だけでなく都市内移動も安心だろう（図6）。少なくとも
DB Navigatorがまだない1990年代や2000年代、ドイツを訪問するたびに
右往左往した時の苦労を考えると、異次元の世界と言っても過言ではない。
チケットカウンターで長時間待たなくてよいこと、事前に移動の計画が立て
られること、利用する車両の具体の内容が事前に把握できることだけでも、
安心感がまったく違う。

　DB Navigatorは、経路選択、予約、決済に加えて、乗り継ぎ先の都市内
交通、カーシェアリング、自転車シェアリングなどにも対応している。

100km 以上乗車する場合、都市内のすべての交通機関が無料で利用でき（City-Ticket）、全国乗り放題会員制サービス（BahnCard100）もアプリで利用できるといった、至れり尽くせりのサービスだ。日本では都市圏内や沿線の MaaS が数多く実証されてはいるが、ドイツのような都市間の移動と都市内の移動を一体で提供する取り組みは参考になる。

　リアルタイムの運行状況にも対応しており、利用予定の列車が遅れた際にはアラートで知らせてくれたり、事故などが発生した際には代替ルートの提供なども始まっており、サービスがスタートして 2019 年 12 月で 10 年を迎え、日々進化している。

　アメリカ・テキサス州ダラスは、MaaS 先進都市の一つである。公共交通の運営を担当するダラス高速運輸公社（DART：Dallas Area Rapid Transit）が、「GoPass（ゴー・パス）」と呼ばれる MaaS を進めている[*7]。GoPass は、自動運転社会を見据えた長期ビジョンを掲げており、長い年月をかけながら既存の交通手段に新しいモビリティサービスを順次統合してきている点が特徴である。

　2013 年に最初のバージョン「GoPass 1.0」がスタートし、順次機能を拡張しながら、これまで何度かの大きな改修が行われ、現在は「GoPass 3.0」が稼働中だ。16 年には、企業や学生向けのチケットを電子化し、17 年にはデマンドバスの「GoLink（ゴー・リンク）」が統合されている。19 年のバージョンアップでは、電動キックボードの「Bird（バード）」も統合されて、決済では Apple Pay での支払いも可能となった。

　ちなみに、アメリカでは大学入学時に地域の公共交通のチケットが自動で付いてくる。「U-Pass」と言われる制度で、入学の案内時に GoPass のダウンロードや利用方法などが案内される。ぜひ日本でも採用してほしい取り組みの一つだ。

　注目すべき点は、DART では 2030 年までの MaaS の中期戦略計画を掲げていることだ（図 7）。日本では MaaS に対してビジネスモデルの議論は数多く聞かれるし、短期的な成果を求められる場面が多い印象を受けるが、ダラスのロードマップでは最終的に描く交通社会が示されており、それに向

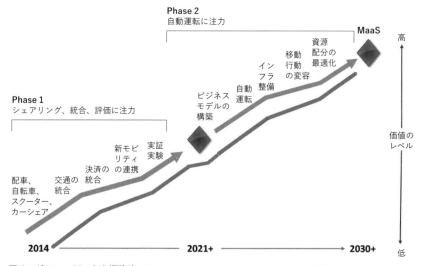

図7　ダラスの MaaS 中期戦略（出典：Tina Mörch-Pierre（2019）Mobility as a Service に加筆）

かって新しいプレイヤーなどと時間をかけて調整していく意思が伝わるものでもある。

　具体的には、今後2021年までに既存の交通機関と新たな移動サービスとの連携をさらに進め、決済を統合する基礎固めの期間＝Phase1と位置づけている。続くPhase2では、ビジネスモデルを構築し、自動運転時代を想定しながら、インフラや人々の行動様式、資源配分を最適化し、サービスの価値を高め、市民の生活水準を向上していくという、中長期的な戦略だ。

　このような取り組みが評価され、2019年にはAPTA（全米公共交通協会）のイノベーションアワードを受賞しており、ダラスは公共交通を革新しているトップリーダーとして高い評価を受けている。

2）グローバル IT 企業の取り組み

　プラットフォーマーと呼ばれるグローバル企業も進化が止まらない。Googleは、Google Maps に自転車シェアリング、配車サービスを統合した

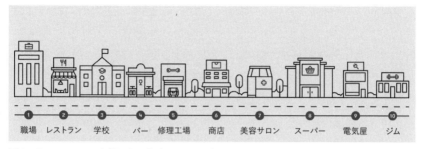

図8　Waymo One の初期の実証実験における人気の目的地（出典：Waymo One のデータに加筆）

1	2	3	4	5	6	7	8	9	10
職場	レストラン	学校	バー	修理工場	商店	美容サロン	スーパー	電気屋	ジム

MaaS を開始すると 2019 年 8 月末に発表した。

　Google Maps の UI（ユーザー・インターフェース）はマルチモーダルが基本となっている点が特徴的である。目的地を選択し移動経路をクリックすれば、自動車、公共交通、自転車などそれぞれの所要時間が提供され、それ以外にも地域によっては Uber やタクシーなどの配車サービスの有無、利用運賃の目安が提供される。

　2020 年 7 月 20 日には具体的に世界 10 都市からサービスを開始、自転車シェアリングのデポの位置や利用可能台数などの満空情報も提供されるようにアップデートされた。また、鉄道やバスの車内混雑情報も提供されており、2020 年に入り、駅の混雑状況も過去の情報とリアルタイムの情報を両方表示するサービスが始まっている。これまでも店舗や施設の利用状況が時間帯別に提供されていたが、そのサービスを駅や公共交通機関に拡張したものだ。

　また Google は、自動運転によるオンデマンド交通サービス事業も 2018 年 12 月から開始している。世界でもいち早くアメリカ・アリゾナ州フェニックスで商用サービスを開始した Google の持ち株会社 Alphabet（アルファベット）傘下の「Waymo One（ウェイモワン）」がそれだ。

　その前身のアーリーライダープログラムが 2017 年 4 月から住民 400 名を対象に行われており、1 年間の実績では、通勤や通学等の毎日の利用から、病院への通院、商業施設への買い物、また映画鑑賞や外食など、さまざまな用途で利用されてきたそうだ（図 8）。

アーリーライダープログラムを経て、2018年12月にはフェニックスの住民向けに商用サービスを開始した。1年間で月間1500人以上が利用し、2019年1月から週あたりの利用は3倍に増加、わずか1年で10万回を超える配車回数と、この間着実に実績を積み重ねてきた。

　日本では、MaaSと自動運転が融合されるイメージがわからないという意見を時々耳にするが、ここフェニックスではすでに融合した新しい移動サービスがスタートしている。2019年12月頃からは、それまでセーフティドライバーが運転席に同乗していたものを、一部の車両で無人化するサービスも始まっている。無人のWaymo Oneに乗車した利用者の様子が動画でも公開されており（https://www.youtube.com/watch?v=x4jg4E7LrZE）、乗客は経験したことのない移動体験を笑顔で楽しむ様子が伝わってくる。

　Waymo Oneは配車サービスのLyftのアプリからも利用することができるが、Waymo Oneの専用アプリも進化しており、乗車体験を向上させるために日々サービスが改善されている。基本の操作は通常の配車サービスと同様であり、行きたい目的地を指定することで指定した乗車位置に車両が配車されるものだ。この間、乗車場所や降車場所を乗客側から微修正できたり、視覚障害の人向けにアプリから車両のクラクションを鳴らし、クラクションの音で車両の位置を乗客に知らせる機能も追加されている。

　コロナ禍においては、いったんサービスを休止したものの、2020年10月からサービスを再開、運転手が同乗しない自動運転の配車サービスとして話題だ。また、同年11月にはカリフォルニア州で営業免許が許可されている。

　また、Googleは2019年5月から観光ビジネスにも本格参入し、観光産業のゲームチェンジが始まっている。Googleの「旅行」（https://www.google.com/travel/）というウェブサイトを訪問した人は、皆驚くはずだ。トップ画面の「おすすめ旅行」には、最近自らがGoogle検索したエリアの情報が並ぶ。「人気の目的地」に続き、「過去の旅行」には自分が訪問した地域が表示され、移動の履歴も確認できる。そして、行きたい目的地を検索すれば、人気の観光スポットや宿泊施設の一覧が紹介される。

　続いて「旅行の計画を立てる」をクリックすると、推定の旅行料金が表示

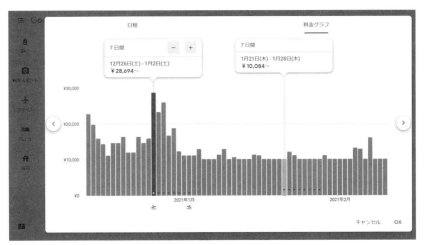

図9　Googleの「旅行」における検索結果の一例。東京→福岡の航空運賃の変動が一目で可視化される（出典：Google）

される。時期によって旅行料金が変動することは皆知っているものの、どの程度変動しているのかは正直わからないだろう。その点、Googleの「旅行」では、出発日ごとに推定旅行料金（旅費と宿泊費）が表示され、料金が手頃な時期が瞬時に把握できる（図9）。出発日や宿泊数を決めれば、フライトの一覧が価格順で表示され、ホテルは料金分布と合わせておすすめの宿、宿泊地の地図が一覧で出てくる。もちろん、ホテルだけでなく、空いている部屋や家をシェアする民泊のプランも対象だ。さらには、「休日が1日しかない場合」の観光プランまで紹介する気の利きようだ。旅行後には旅のしおりが作成され、友人や家族と簡単に思い出をシェアできる。

　こうしたGoogleの「旅行」と連携することは、交通事業者や宿泊事業者にとっては閑散期の需要喚起として有益であり、需要の分散効果も期待できる。交通事業と宿泊事業それぞれの情報が共有されていることで、双方にメリットが生じる取り組みだ。これに加え、観光地や飲食店などの口コミ情報や混雑予測の情報などが、Googleのプラットフォーム上で連携統合され、日々進化している。Googleとしても、新しい収入源やビジネスモデルの創

出を狙っているのだろう。

　配車サービスの Uber や Lyft も 2019 年春に上場、マイカーを保有せずとも移動できる新しいライフスタイルを提案し、事業拡大を進めている。たとえば、Uber ではこれまで個別に提供していた自社サービスを統合した。配車サービスと料理宅配サービス Uber Eats（ウーバー・イーツ）、公共交通機関や電動キックボード、自転車シェアリングなどを一つのアプリに統合し、一定の割引が受けられるサブスクリプションプランも提供し始めている。

　また、Uber は公共交通機関との連携を進めており、2019 年に入ってからその動きは活発だ。19 年にはアメリカ・デンバーの鉄軌道やバスのチケットが Uber のアプリから購入できるようになり、マルチモーダルなルート検索が可能となっている。Uber のイメージカラーに塗られた列車を背景にしたサービス開始の式典は新しい時代を感じさせる印象的な出来事であった。

　さらに 20 年には、アメリカ・サンフランシスコのベイエリアに位置するマリン郡の公共交通事業者が Uber のソフトウェアで運営を管理する契約を締結している。Uber が自社のソフトウェアを公共交通事業者に提供するビジネスに参入し、公共交通の運営に直接関わる初めてのケースである。

　また、20 年 7 月には、公共交通機関にオンデマンドサービスやルート最適化などのソフトウェアを提供する Routematch（ルートマッチ）社（本社はアメリカ・アトランタ、従業員 170 名のベンチャー企業）の買収を発表した。Routematch 社は、500 以上の公共交通事業者に使用されているソフトウェアを開発している企業であり、Uber は今後、公共交通事業者向けの「SaaS（Software as a Service、サービスとしてのソフトウェア））」プロバイダとして存在感が増していくことは間違いないだろう。

　欧米では、交通関連のオープンデータ、データ共通化が進んでおり、さまざまな企業が MaaS 事業に参入している。オーストラリア発の SkedGo（スケッド・ゴー）、イスラエル発の Moovit（ムービット）、ロンドンに本拠を置く Citymapper（シティマッパー）等がその代表例だ。

　オーストラリア発のスタートアップである SkedGo 社の MaaS プラットフォームは、全世界で 500 都市以上に導入されており（図 10）、自社では

図10　SkedGo 社が提供している MaaS プラットフォーム（出典：SkedGo）

「TripGo（トリップ・ゴー）」という商標でマルチモーダルな移動サービスを展開している。月に3000万人以上のアクセスがあるそうだ。また、彼らは自社開発したプラットフォームを政府や行政の MaaS アプリとして提供しており、大学の実証実験や民間企業で採用されるなど、さまざまなビジネスを広く手掛けている。

　一方、イスラエル発の Moovit 社は、2020年5月に Intel（インテル）が約9億ドル（約990億円）で買収したことで有名になった企業だ。経路検索の企業として成長、2020年時点で、102カ国、3100都市、45言語、8億人を超える市場を抱える巨大グローバル企業だ。Intel はこの買収によって自動運転事業を加速させていくことになるだろう。

3）自動車メーカーの取り組み

　Volkswagen（フォルクスワーゲン）の子会社 MOIA（モイア）が、2019年4月にオンデマンド型交通サービスを開始した。MOIA は、タクシーとバスの中間領域のサービスを目指し、乗り合い型の専用車両を開発した Volkswagen が進める次世代移動サービスのフラッグシップの一つだ。

図11　2021年10月にITS世界会議が開催予定のハンブルク市内を快走するMOIA
(出典：MOIAの公式ツイッター)

　車両は電気駆動を採用、ゆったりとした6人乗り、隣席を意識させない
シート配置となっており、荷物スペースは前席に用意している。車両のデザ
インも美しく、遠くからでも一目でMOIAがやってくることがわかる（図
11）。配車はスマホの専用アプリから行い、目的地を設定、最寄りの仮想バ
ス停に迎えに来てくれ、決済もキャッシュレスだ。
　2019年4月に100台からスタートし、その後330台まで拡充している。
営業エリアは300km²に及び、市内をほぼ網羅する。パンデミックで休止す
るまでの1年間で200万人の乗客があったとのことで、これは驚くべき数
字だろう。大都市の公共交通サービスが充実しているエリアではこのような
サービスは難しいとも言われており、この1年間の成果は画期的なことだ。
　パンデミックのため、4月1日から日中のサービスは休止したが、夜間
（午前0〜6時まで）は車両数を100台に抑えて移動が必要な人々を支えて
きたそうだ。その後、5月25日から運行を再開した。再開にあたっては、
乗客のマスク装着、運転席と乗客との間を保護フィルムで分離、定員を最大
5名までとし、感染症予防を徹底している。

4　ライドシェアリングの誤解

　日本では、ライドシェアリング（以下、ライドシェア）を利用形態や運行方式で語られることが多い。その典型が「ライドシェア＝相乗り」「ライドシェア＝白タク」という理解ではないだろうか。一方で、ライドシェアの代表的なサービスの一つである Uber や Lyft 等の配車サービスが普及した欧米諸国では、「ライドシェア＝相乗り」「ライドシェア＝白タク」と考える人は少ない。

　すでに日本にも参入している新しい移動サービスや企業の動向を正しく理解する上では、ライドシェアを手掛けているプラットフォーマーの本質、彼らが何を目指しているかを見極めておくことが肝要だ。たとえば、Uber の配車サービスの中には「UberPool（ウーバー・プール）」という見知らぬ人同士が複数で同乗する相乗りタイプがある。しかし、この相乗りタイプの導入は全米の一部の都市にとどまっており、Uber 利用者の割合では 1 割に満たないという話も聞く（ボストンで 15％ という報告がある）。つまり、「ライドシェア＝相乗り」ではなく、相乗りサービスはライドシェアの中の一つにすぎない（図 12）。

図 12　Uber にはさまざまな種類の運行形態があり、UberPool（相乗り）はその一部（出典：Uber）

また、一般的にはライドシェアのドライバーは登録制であり、アメリカでは州ごとに条件は異なるものの、年齢制限、保険加入、犯罪歴による制限等の条件がある（面談や運転技術の事前確認を行う事業者もある）。国や州によっては、事業者に利用実績や運行実績などの報告を義務づけている（カリフォルニア州のように第三者の車検を義務づける地域もある）。ドライバーは利用者から厳しく評価され、評価が低いドライバーは運転もできなくなる。すべてのドライバーが素人で行政の規制もなく運行しているという、一般の人がイメージするような白タクではない。つまり、「ライドシェア＝白タク」とは一概に言えない。モビリティ革命という激動の時代と向きあっていく上では、ライドシェアを利用形態や運行方式ではなく、利用者目線からサービスとして正しく理解することが大切だろう。

　では、ライドシェアとは一体何だろうか。ライドシェアとは、ドア・トゥ・ドアのオンデマンド型交通サービスであり、いつでもどこでも呼んだらすぐに来てくれる（オンデマンドな）庶民のハイヤーであり、まさに究極の交通サービスであると理解するとわかりやすい。スマホ一つで自分のお抱えドライバーを雇った感覚だ。ドライバーと利用者を直接結び、車両や車庫、営業所などの資産を持つ必要がないため、類似のサービスであるタクシーよりも安価で利用できる。

　スマホを覗けば、自分の周辺にどの程度利用可能な車両がいるかがわかり、目的地を入力し配車をオーダーすれば、呼んだ場所までの到着時間、目的地までの所要時間を知らせてくれる。事前におおよその運賃も提示される。その後、時々刻々と配車した車両が近づく様子が伝えられ、ドライバーに目的地の説明をする必要がなく、安心して行きたい場所まで連れていってくれる。到着すれば現金などのやりとりの手間や時間も費やすことなく降車できる。乗客から評価されるため、運転手の会話は軽やかで笑顔を絶やさない。急停車や急加速などの荒い運転も少なく、目的地の前で停車してくれる。

　このように日本人が知っているタクシーとは似て非なるサービスであり、似て非なる UI であり、UX（ユーザー・エクスペリエンス）である。そのため、欧米で古くから一般的に使用されていた相乗りの呼称である「Car-

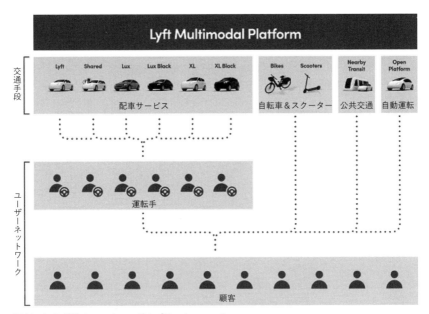

図 13　Lyft が描くマルチモーダルプラットフォーム
(出典：United States Securities and Exchange Commission (2019) Form S-1 Registration Statement (Lyft,Inc.))

pool（カープール）」と差別化した呼び方として、これら究極の交通サービスは、「Ride Hailing（ライドヘイリング、Hailing は「呼んで迎える」の意）が一般的に用いられる。

　また、ライドシェアの事業主体はタクシー事業者やライドシェア事業者とは呼ばれない。Uber や Lyft などは交通ネットワーク企業（Transportation Network Companies、TNCs）と呼ばれ、飛行機、鉄軌道、バス、自転車、電動キックボードなどすべての交通手段を網羅したドア・トゥ・ドアの移動サービスを提供する企業として知られている。タクシー事業など特定の交通手段だけを対象とはしていないビジネスモデルだ。

　そのことは、Lyft の上場時の資料からも読み解くことができる（図 13)。Lyft はさまざまな交通手段と運転手、顧客をデジタルで結ぶプラットフォームを提供する企業であり、近年は自ら電動キックボードや自転車シェアリングのサービスなどのアセット（資産）も展開している。本命は図 13 の一番

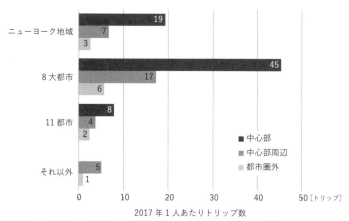

図14　アメリカのライドシェア利用者の地域別利用距離（2017年）
(出典：Schaller Consulting（2019）The New Automobility をもとに作成)

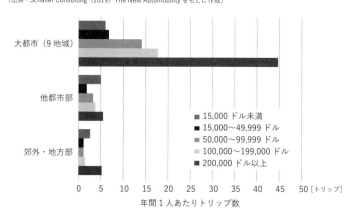

図15　アメリカのライドシェア利用者の世帯収入と利用距離（2017年）
(出典：Schaller Consulting（2019）The New Automobility をもとに作成)

右上にある自動運転車両だ。自動運転がいずれ MaaS に統合されると言われる所以もここにある。事実、すでに Lyft のアプリからアメリカ・フェニックスで事業化している Google の自動運転サービスを呼ぶことができ、ラスベガスでは Aptive（アプティブ）社が展開している自動運転サービスとも連携している。

　ライドシェアの利用者像も徐々に明らかになりつつある（コロナ発生前ま

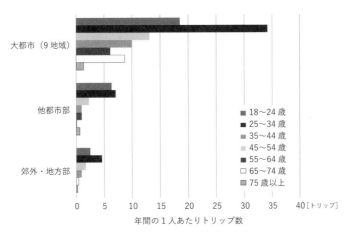

図16　アメリカのライドシェア利用者の地域別年齢傾向（2017 年）
（出典：Schaller Consulting（2019）The New Automobility をもとに作成）

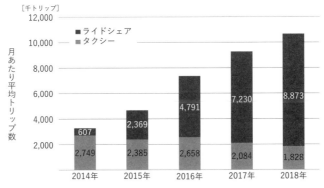

図17　シカゴのタクシーとライドシェアの利用動向推移
（出典：City of Chicago（2019）Rodmap for The Future of Transportation and Mobility in Chicago をもとに作成）

での状況）。都市部での利用が中心であり、利用者の多くは高学歴、高所得、
20 〜 30 代の若者たちだ（図 14 〜 16）。また、タクシーの利用者が減少し
ているという報道が散見されるが、タクシーとライドシェアを合わせた移動
需要は激増しており、シカゴやニューヨークではこの 3 年間に 3 倍以上、全
米の大都市各地で同様の傾向で増え続けている（図 17）。一方で、バスなど
の既存の公共交通の需要が近年全米各地で減少傾向となっており、ライド

シェアとの因果関係は不明であるものの、テレワークの増加やライドシェアの急速な進展が影響を及ぼしている可能性がある。ただし、大都市では、公共交通とライドシェアを組み合わせた移動パターンが増加していることも報告されており、一概には断定できない。

　ここまでお読みいただいた読者は、多くの日本人が描くライドシェア像と、欧米で先行的に普及が進んでいるライドシェアの実態には、大きなギャップがあることにお気づきだろう。車両や営業所などの資産を持たないプラットフォームのビジネスゆえ、必然的にドライバーや車両の多い都市部にサービスは集中し、経営を持続していくためにも人口が集中する都市部が拠点となる。スマホ世代に訴求したシェアリングサービスゆえ、若い世代に人気のサービスだ。日本で議論されている、中山間地や交通不便地域、高齢者の移動支援というイメージとはほど遠い。

　欧米の先進都市では、古くから中山間地や高齢者などの移動支援は、行政の福祉サービスの一つとして位置づけられ、「Dial a Ride（ダイアル・ア・ライド）」などの電話やインターネットによる配車送迎サービス（「Para Transit（パラ・トランジット）」と呼ぶ）が充実している（国や都市によってサービスの種類はさまざまである）。法律で国民の移動を確保する最低限のサービスが保障されており、ビジネスとしては成立しないサービスとして認知され、福祉輸送として確立している歴史がある。

　仮にビジネスとして成立させるのが困難な地域に欧米型のライドシェアを普及させる場合、それは国民の税負担として跳ね返ってくるだけでなく、既存の交通サービスに壊滅的な影響を与えるかもしれない。それゆえ、今求められているのは、タクシーやバス事業への対応といった個別事業ごとの課題への対策だけではなく、タクシーやバスの垣根を越えた暮らしの足を守り育てる地域住民のための事業や法制度の整備、そのための財源調達の議論であろう。幸い、日本ではバス事業者とタクシー事業者間で連携に向けた調整や協議が始まっている地域もあり、路線バスや鉄道とオンデマンド型交通サービスを組み合わせた取り組みも始まっており、今後の展開に期待したい。

　繰り返しになるが、ライドシェアとは、ドア・トゥ・ドアのオンデマンド

型交通サービスであり、いつでもどこでも呼んだらすぐに来てくれる究極の交通サービスである（ただし、呼んだらすぐ来てくれるには、それなりの台数の需要が発生する地域で常に一定の台数が供給されていることが条件となる）。代表格の Uber は、北は北海道の中頓別から南は九州の福岡まで13地域でサービスを展開している。また、中国発の滴滴（ディディ）は、北は北海道から南は沖縄まで14地域で事業を行っている（2021年1月時点）。

　先行している諸外国とは異なり、プロと呼ばれるドライバーが運転していることから、海外よりも安心して利用できるかもしれない。彼らの目指す交通サービスは車両や運行形態にこだわるものではなく、車両と運転手と顧客を IT で瞬時に結びつけるプラットフォームを用いて、所有ではなくサービスとして移動を支援するものであり、顧客は人に限らずモノも対象としている点だ。Uber はすでに公共交通の運営や決済に参入しており、日本の交通システムとこのような新しい移動サービスとがどのように共存共栄を図っていくかが、今後一層重要な課題となっていくだろう。

5　　実証実験の目的は人々の移動を変えること

　MaaS の商用サービスが先行する欧米諸国においても、実証実験が行われている。ただし、実証実験を行うことが目的ではなく、長期間の取り組みを通して人々の行動変容を促していく実証が特徴的だ。

　ドイツでは小型バスによる自動運転の実証実験が各地で進められており、欧州最大のウォーターフロント開発地区であるハンブルクのハーフェンシティでは、2019年8月から地区内の移動を支援するサービスとして自動運転バス「HEAT（ヒート）」の実証運行が開始されている。このプロジェクトでは、自動車エンジニアリングサービス会社（IAV）、地元交通事業者（HOCHBAHN）、経産運輸省（BWVI）、民間企業（Siemens（シーメンス）、IKEM、DLR）が参加し、電動駆動による車両もドイツ製だ。2021年

から公道での本格運行を目指している国家プロジェクトの一つでもある。

　また、ハンブルクから南東に30kmほどに位置する、エルベ川沿いの小都市ラウエンブルクでも自動運転バスの実証実験を2018年1月から開始した。パンデミックにより運行をいったん休止したものの、2020年5月から乗車定員を3名に制限、乗客のマスク装着等の感染症対策を行い、運行を再開した。狭隘道路が多い旧市街地を周回するルートを30〜40分の頻度で運行する自動運転バスは「TaBuLa（タブラ）」と呼ばれ、フランスのNavya（ナブヤ）社の車両により、走行速度は時速18km以下、車椅子も乗降でき、信号機とも無線で通信可能だ（ドイツらしく、ペットも同乗できる）。リアルタイムな位置情報も専用サイトで提供されており、日中は午前8〜11時と午後14〜17時までの時間帯で運行している（2020年12月22日から再度休止中）。この実証実験も、3年間という長期実証を通して、公道での走行の導入を目指す国家プロジェクトでもある。ドイツではここで紹介したプロジェクト以外にも、ブランデンブルク州、ラインラント=プファルツ州、バイエルン州、ノルトライン=ヴェストファーレン州、バーデン=ヴュルテンベルク州等で自動運転バスの実証が進められている。

　またアメリカでも、連邦交通局（FTA）が進めている「MOD（Mobility on Demand）」プロジェクトでは、2019年から1年間、11の地域で約8億円の事業費をかけて、実証実験が行われている。郊外の住宅地から最寄りの駅（バス停留所）まではデマンド型の配車サービスを利用した配車＆ライドを推進するプロジェクトが代表的だ。近年急増する配車需要を抑制し、公共交通の需要を増加（回復）させ、また、交通サービスが低い地区に対して自動車以外の選択肢を提供することで、新しい移動習慣の定着を図ることが狙いの一つであり、端末交通の費用の一部を国が補助した取り組みである。

　モデル都市の一つ、ロサンゼルスの9カ月目の結果は多くの示唆を与えている（4章参照）。実証実験は市交通局（METRO）と配車サービスのVia（ヴィア）社が提携し、郊外の3地区で実施された。Tapカード（交通ICカード）利用者は駅まで1.75ドル（約190円）で利用できる。図18は週あたりの利用者の推移を示しており、日々利用者が増えていることがわか

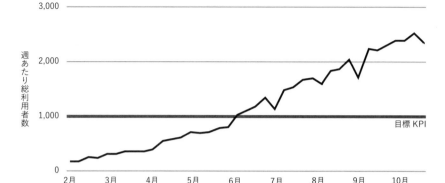

［人］

週あたり総利用者数

3,000

2,000

1,000

0

目標 KPI

2月　3月　4月　5月　6月　7月　8月　9月　10月

図 18　ロサンゼルスでの実証実験 MOD における週あたり利用者数の推移（2019 年）
（出典：Marie Sullivan（2019）Mobility on Demand hits 45,000 rides; will comply with new California law をもとに作成）

る。加えて、運転手が抱える 1 時間あたりの乗客数も同様に増加し続けている。目標としていた 2.25 人／時間を 8 カ月で超えている点も興味深い。配車までの平均待ち時間は 11.5 分だそうだ。

　同様の取り組みがシアトルでも行われており、1 週間あたり 8000 人を超える乗客があり、1 時間あたり 5 回を超える利用率となっているそうだ。パンデミックにより 20 年 3 月末から一時休止していたものの、20 年 6 月 22 日から再開し、2 年目を迎えている。なお、シアトルの実施地区は低所得者が多く居住しており、英語でのコミュニケーションに課題が生じる地区をターゲットとしている。Via 社の報告では、利用者の 3 割が低所得者であり、車椅子で乗車可能な車両も提供していることから車椅子利用も生じているとのことだ。

　このように新しい移動サービスや従来の交通手段を統合したサービスの周知や理解には、一定の時間が必要である。まったく利用したことがないサービスは、利用して初めてそのメリットや意義が理解されるものも多い。住民説明や PR を徹底したとしても、そもそも関心がある人は限定的だし、たとえ意義を理解してもらえたとしても人々の行動を変えることは容易ではない。健康を気にしている人、事故を気にしている人、環境を気にしている人、お金を気にしている人など、人々の関心事はさまざまだからだ。

この基本的な人の行動原理を理解して、MaaS の実証実験の計画を立案していくことが非常に重要である。何のために実証実験を行うのか、本格運用のために事前に確認しておくべきことは何かを明らかにし、実験のための実験にならないように留意しておきたい。冬期の技術検証などの特殊な目的でない限り、12 〜 2 月の期間に限定するような実証実験はお勧めできない。

また、やむをえず 1 週間や 2 週間という短期間の実証を行う場合には、実証実験で確認する事項を明確にし、利用者数などの量的な評価は極力避けた方が良いだろう。それは、MaaS が人々の移動機会を創出していくものであり、ストレスのない、ワクワクした新しい移動体験を通して、外出の意義を再考していくものにほかならないからだ。移動自体はリアルな世界であり、バーチャルな世界での技術のデザインだけではなく、人との出会い、新しい体験や発見、生活の課題が改善される喜びなどの演出も重要であり、移動前、移動中、移動後のトータルなモビリティデザインが一層求められる。

6　　オープンデータによる政策立案

MaaS 事業者は、交通事業者から収集する運行に関するデータ、アプリ利用者のビッグデータなどを日々収集し、自社サービスの改善に活用している。2020 年のコロナ禍においても、MaaS 事業者がパンデミック発生直後から都市の活動量や移動量に関する情報を提供し続けてきた。たとえば、経路探索をグローバルに展開している Transit（トランジット）、p.41 で紹介した Moovit（ムービット）、Citymapper（シティマッパー）等がその代表例だ。

Citymapper は都市ごとに移動量を指標化し、自社サイトで毎日レポートを公表しており、データもダウンロード可能だ。国立シンガポール大学の研究グループでは、そのデータを用いて図 19 のような世界主要都市の人の移動量の推移を可視化し公開している。同様に、各国の政府機関や研究機関などでも Citymapper のデータはさまざまな目的で利用されている。

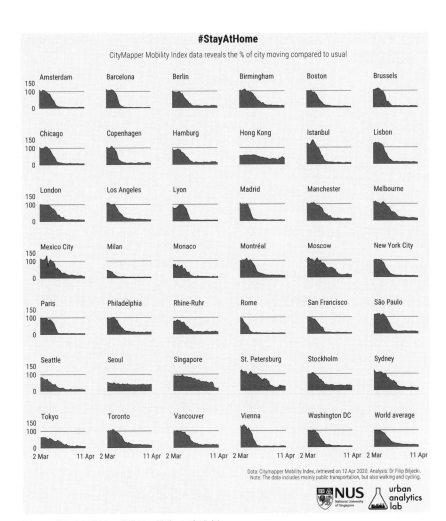

図 19　世界主要都市の移動量の推移の可視化例（出典：Urban analytics lab）

　一方、Moovit は、アプリの利用データから日々の公共交通利用の動向を
レポートし続けている（図 20）。ロックダウンが解除された都市においては、
7 月末においても公共交通需要の回復は鈍化しており、厳しい経営状況が続
いていることが一目で理解できる。これら移動に特化した指標は MaaS 事
業者ならではであり、オープンデータやデータの標準化が普及し、それらが

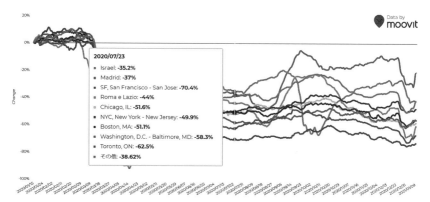

図20 Moovit がレポートする世界中の公共交通の利用動向 (出典：Moovit)

MaaS としてつながっていなければ実現しなかったものだろう。

またリトアニアの Trafi（トラフィ）社では、ポルシェコンサルティングと協力し、パンデミック下のベルリンにおける 2020 年 1 ～ 4 月までの週ごとの移動の変化を解析している。公表された結果によれば、総移動量は 58% 減少し、特に公共交通利用への影響が大きいことが報告されている。また、配車サービスは一般向けには休止しており、利用はゼロである。一方で、自転車利用が増加傾向となっている。自転車利用の増加については、ニューヨークやスコットランド、ロンドン、パリでも類似の傾向が見られる。

また、コロナ禍および外出自粛が緩和された後のマイクロモビリティサービスの利用状況も報告されている（図21）。1 月上旬と 5 月上旬を比較すると、自転車シェアリングが約 209% 増、電動キックボードが 170% 増、電動バイク（モペット）が 597% 増と、急増していることがわかる。

また、プラットフォーマーの Google は施設別の移動量を公開しており（https://www.google.com/covid19/mobility/)、公共交通の動向がマクロに確認できる。さらに、Apple は移動手段別の移動量を公開しており（https://www.apple.com/covid19/mobility)、車、公共交通、徒歩別の動向が確認可能だ。これらも自社サイトからデータをダウンロードできる。

MaaS 事業者は、鉄道や路線バス、トラムの利用動向だけではなく、新し

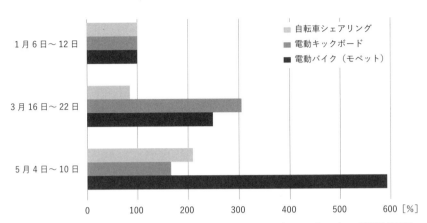

図 21　ベルリンにおける 2020 年 1 月、3 月、5 月のマイクロモビリティサービスの利用状況比較
（出典：Trafi のデータをもとに作成）

い移動サービスであるカーシェアリング、自転車シェアリング、オンデマンド型交通サービス、電動キックボードなどの利用動向も把握している。外出自粛や社会的距離の確保が求められるなかで、人々の移動手段の選択性向がどのように行動変容していくかを解析し、データを公開している。

世界約 500 都市を網羅する自転車シェアリングのオープンデータプラットフォーム「BIKE SHARE MAP（バイク・シェア・マップ）」は、リアルタイムで自転車シェアリングの稼働状況を伝えている（図 22）。自転車の分野でも世界中でオープデータが進むなか、この BIKE SHARE MAP に日本の稼働状況が金沢や富山などを除いてほとんど表示されていない点は残念だ。

2019 年 11 〜 12 月にかけて、フランスで大規模なデモが長期間続いた。公共交通の運行が休止するなかで、自転車シェアリングや電動キックボードが市民の移動を支えていたが、その際の稼働状況のリアルな様子を市民の誰もが確認できたのは、オープンデータが進展していたからだろう。

日本でも EBPM（エビデンス・ベースト・ポリシー・メイキング）による政策の推進が言われて久しい。MaaS 事業者が収集・解析・公開するデータは、政策立案のエビデンスとして今後、ますます大きな役割を果たすことが期待される。

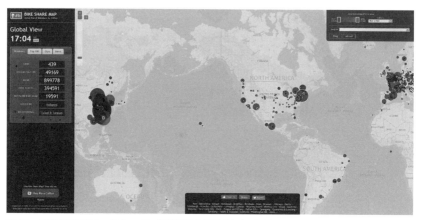

図22　世界の自転車シェアリングの稼働状況を可視化したサイト （出典：BIKE SHARE MAP）

　イギリス政府ではパンデミックの間、日々自国のセンサーが収集するデータから、道路交通、自転車交通、公共交通の利用動向を把握し、毎週水曜日の午後2時に最新の状況を公開している。マルチモーダルな利用動向を自国のデータソースから更新し続けている政府の姿勢は、国民を安心させ、政府への信頼につながるのではないだろうか。

　MaaS事業者も、自社の利益だけにとらわれることなく、このパンデミック下においては積極的に政策意思決定者や市民に情報開示を行ってきた。MaaS事業者の社会的な役割や価値は、パンデミックの経験を通して、市民からも一層期待、信頼されていくことになるだろう。

＊1　牧村和彦（2020）「移動革命とMaaS ―MaaSの現在と未来」『土木学会誌』vol.105
＊2　UITP（2019）Mobility as a Service, April 2019
＊3　牧村和彦ほか（2020）『Beyond MaaS ―日本から始まる新モビリティ革命』日経BP
＊4　牧村和彦（2020）「クーポンで人の移動はどこまで変わるのか。Beyondコロナ再起動するモビリティ最前線」NewsPicks、2020年11月18日
＊5　Ministry of Infrastructure and Water Management（2019）Blueprint for an API From Transport Operator to MaaS Provider
＊6　三井不動産（2020）シームレスな移動で生活圏（コミュニティ）を広げる"不動産×MaaS"始動、2020年12月15日記者発表
＊7　牧村和彦（2020）「MaaSをめぐるわが国と欧米諸国との差異」『運輸と経済』第80巻第4号

2章

都市が抱える
根本的課題

1　毎年130万人以上が交通事故で亡くなっている

　2018年5月にロンドンで開催された「FTフューチャー・オブ・ザ・カー・サミット」のオープニングで、EUの交通大臣であるヴィオレッタ・バルク女史が語った言葉は印象的であった。バルク交通大臣は、欧州の道路が世界で最も安全であるにもかかわらず、年間2万5000人の死者と13万7000人の負傷者を出している現状について言及し、「なぜ輸送手段で死者が出るのでしょうか？」と熱く語った。またあわせて、将来自動車は半減するだろうとの見通しを示した。これは決して欧州だけに限った話ではない。

　世界中で毎年120万人以上の方が、交通事故で亡くなっている（WHO、2015年調べ、図1）。想像できるだろうか？　これは毎日、中型ジェット機10機分の搭乗者が亡くなっている計算であり、24秒に1人が自動車関連の事故で命を落としていることになる。最新のWHOの報告（Global status

図1　世界の年間事故死者数（2015年）（出典：WHO（2015）に加筆）

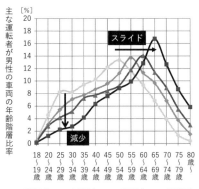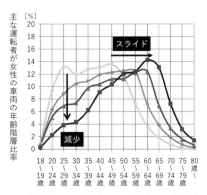

図2　年齢構成別の自動車運転年齢分布（左：男性、右：女性）
（出典：北村清州ほか（2018）「データから読み解く自動車の使われ方の変化」『IBS研究所報2018』をもとに作成）

report on road safety 2018）によると、その数はさらに増えて135万人とのことだ。急成長を遂げている中国だけでも年間20万人を超えており、アメリカだけで年間4万人近い人が自動車による事故で亡くなっている。また、年間2000〜5000万人の人が交通事故により負傷している。

　日本においては、毎年約46万人（2019年度）が自動車事故で死傷しており、近年は高齢者による悲惨な事故が後を絶たない。高齢社会が到来するなか、免許返納後に安心して移動できる環境がないため、運転を続けざるをえない状況が続いている。

　2015年の全国を対象とした調査結果（道路交通センサス起終点調査）を分析すると、自動車を運転している人の年齢構成がこの20年弱で大きく変化していることが明らかになっている。図2を見ると、男性および女性ともに、60歳代を山として、右側に大きくスライドしてきている。また、20歳代の割合が男女ともに大きく減少し、ドライバーの顔ぶれが2000年以降大きく変貌している。団塊の世代が自動車文化を牽引し支えてきた構図が、この図だけでもよくわかる。高齢者の事故が多いのは、そもそも運転しているドライバーに高齢者の割合が高いということも忘れてはならないポイントだろう。

　年々、都市化は進展し、地球温暖化は深刻度を増している。世界中で発生

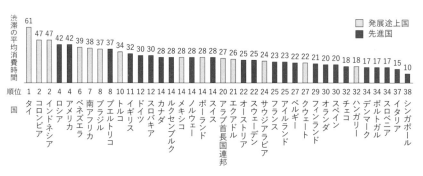

図3　世界の渋滞国別ランキング (出典：Inrix（2015）をもとに作成)

する交通渋滞による経済損失は毎年数十兆円規模と言われている。アメリカだけでも、平均的なドライバーが渋滞に遭う時間は年間 42 時間、アメリカの全ドライバーが渋滞で被る経済損失は年間 3000 億ドル（約 33 兆円）、ドライバー 1 人あたりの経済損失は年 1400 ドル（約 16 万円）と推計されている（Inrix 調べ、図 3）。

　日本でも交通渋滞がもたらす経済的被害は甚大だ。2016 年 5 月に発表された「国土交通省生産性革命プロジェクト」のレポート[*1]によると、日本全国で発生した交通渋滞による損失は年間約 50 億時間、約 280 万人分の労働力と推定されている。

2　　車は 1 日の 95％は動いていない

　1 日 24 時間の約 95％の間、日本の自動車は駐車場で眠っている（図 4）。毛利ら（2016）[*2]の研究によれば、全国の自家用車は平日 1 日に約 4.8％しか稼働していない実態を明らかにしている。そもそも 1 日中移動しない車両が 4 割近く存在し、移動する車でも勤務地への移動時間が 30 分と考えると、往復で 1 時間程度を移動し、それ以外は自宅の車庫や勤務先の駐車場で駐車していることになる。

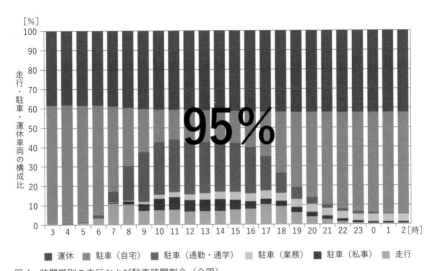

図4　時間帯別の走行および駐車時間割合（全国）
(出典：北村清州ほか（2018）「データから読み解く自動車の使われ方の変化」『IBS 研究所報 2018』をもとに作成)

図5　旭川市の駐車場整備状況（出典：旭川市（2016）駐車場整備計画）

モータリゼーションが進展し、今や中心市街地の 10 〜 20%の土地は駐車場で埋め尽くされ、貴重な都市空間が有効に活用されていない。宇都宮市中心市街地活性化協議会の 2016 年の調査結果[*3]では、中心市街地（約 320 ヘクタール）に約 2.2 万台もの駐車場が存在し、市街地の約 10%が駐車空間で占められている実態が報告されている。場所によっては、40%を超えている地区もある。北海道旭川市の駐車場実態調査でも同様の結果が報告されている。駅周辺の利便性が最も高い地域において、駐車場を色塗りして表示してみると、あらためてその多さに驚くのではないだろうか（図 5）。商業施設などの来訪者用の駐車場、業務車両のための専用駐車場、住宅の駐車場等、駐車場の用途はさまざまではあるものの、大規模な駐車場だけでなく小規模な駐車場が街中に点在している状況だ。

　都市を経営するという観点で見ると、1 台のマイカーを都市で抱えていくためには、自宅、勤務先、商業施設等の立ち寄り先など 3 〜 4 台分のスペースを維持し続けていく必要がある。2 トン近い車両には平均 1.1 〜 1.2 人しか乗車しておらず、自家用車は輸送効率が低く、エネルギーの観点からも大きな課題を抱えている。中心市街地などの都市計画区域に居住人口が増えれば、都市計画税や固定資産税などの税収増も期待でき、狭い日本においては立地の適正化を促していく上でも、駐車政策は重要だ。

　このような駐車問題の解決に向けて、自動運転技術が期待されている。しかし、個別輸送の自動運転技術が進展するだけでは、駐車問題は改善されても、通行する道路のキャパシティは大きく変わらず、道路空間を占用するスペース自体は変わらない。マイカーの移動量が変わらない場合には、1 時間に通過できる処理能力は場合によっては減少することも考えられる。また、規制速度を超えた運行が制限され、車両間隔も一層安全性が求められるケースでは、1 時間に処理できる通行可能な交通量は低下することになる。あるいは今よりも一層便利な移動手段となれば、マイカーの移動量が増加し、さらに渋滞などに拍車をかけることも想定される。

　このように、自動運転技術だけでは、たとえ安全性が大きく向上したとしても、都市が抱えている根本的な課題、自動車が占用する都市スペースの課

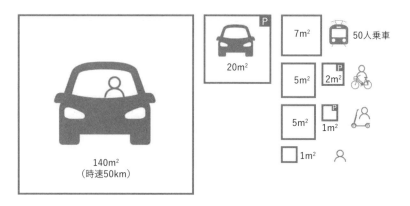

図6　1人あたりの移動に必要な面積 （出典：OECD（2020）COVID-19 Transport Brief, ITF に加筆）

題は解決しない。OECD のレポートによれば、1人あたりの移動に必要となる面積は、自動車では公共交通機関に比べて 20 倍必要になるそうだ（図6）。自動車と他の交通手段のバランスを考えていかない限り、道路空間を占用するスペース、処理できる能力は変わらない。

3　　自動車の所有者と非所有者の移動格差

　2018 年 3 月に群馬県が公表した交通まちづくり戦略では、県民の日常的な移動手段として、鉄道の利用率が 2.5%、バスにいたっては 0.3%、自動車が 77.9% という実態が報告された（図7）。これは、自動車大国のアメリカを超える異様な状況である。また、4人に1人は 100m 未満の移動に自動車を利用しており、自家用車は生活になくてはならないものとなっている。また、自動車を保有している 65 歳以上の高齢者の 75.2% は自分で日常的に自動車を運転し（図8）、自家用車に頼らなければ生活が成り立たない実情が報告されている。
　このことは、地方都市で免許を返納した高齢者にとって自立した生活が突然困難になることを暗示している。今までは誰にも頼らず、マイカーがあれ

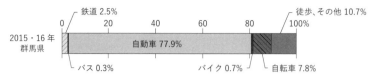

図7　群馬都市圏の日常的な交通利用手段（出典：群馬県（2018）交通まちづくり戦略をもとに作成）

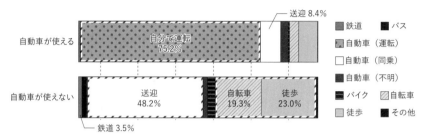

図8　群馬県都市圏の高齢者の自動車の有無別利用手段（出典：群馬県（2018）交通まちづくり戦略をもとに作成）

ば、いつでもどこでも移動ができた。その間、それ以外の手段での日常生活はほとんど想像したことがなく過ごしてきただろう。普段行っていた畑、スーパーや薬局、理髪店、家電ショップなど、自分だけでは今まで通りの生活が成り立たない状況に突然陥ることになる。

　都市部で、マイカーと公共交通をうまく使い分けながら生活してきた人は、マイカー以外の生活スタイルもイメージができ、そうでない人に比べれば精神的なダメージは比較的小さいかもしれない。一方で、地方都市や中山間地で長らく自動車のみで生活してきた人には、代替の移動手段のサービスが乏しいことによる精神的なダメージは大きい。図7や図8は現状の移動手段の利用傾向を示しているにすぎないが、自分が運転できなくなった状況を想像してこれらの図を見てみると、違う世界や課題が見えてくるのではないだろうか。

　群馬県では、このまま対策を何もしなければ20年後には県内の鉄道利用が4〜6割減少するという衝撃的な数字もあわせて発表している（図9）。現状でも地方都市の鉄道経営は厳しい状況にあり、将来鉄道経営が成り立たないことを物語っている。これは、決して群馬県に限った話ではなく、全国の地方都市で起こっており、10年前や20年前よりも一層深刻な事態になっている。

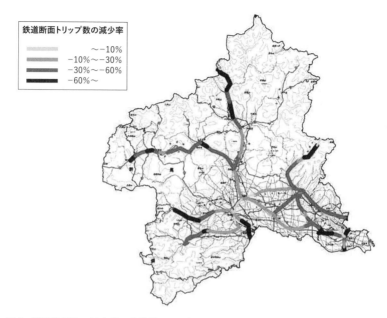

鉄道断面トリップ数の減少率
~-10%
-10%~-30%
-30%~-60%
-60%~

図 9　群馬都市圏の 20 年後の鉄道利用の見通し（出典：群馬県（2018）交通まちづくり戦略）

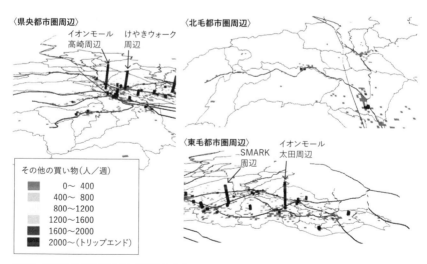

〈県央都市圏周辺〉
イオンモール
高崎周辺
けやきウォーク
周辺

〈北毛都市圏周辺〉

〈東毛都市圏周辺〉
SMARK
周辺
イオンモール
太田周辺

その他の買い物（人／週）
0～　400
400～　800
800～1200
1200～1600
1600～2000
2000～（トリップエンド）

図 10　群馬県民が休日に訪れる施設の分布（出典：群馬県（2018）交通まちづくり戦略）

また、群馬県民が休日に立ち寄る場所をビッグデータで解析した結果からは、多くの県民がマイカーで郊外の大規模商業施設に訪れている様子がわかる（図10）。価値観が多様化している現代社会においても移動手段の選択肢が自動車しかないがゆえに画一化したライフスタイルが定着している典型例だと言えよう。

　モビリティマネジメントの手法の一つに、地域住民とのワークショップで用いる「ガリバーマップ」がある。一連のワークショップの中で、自分たちが生活している地域を示した大きな地図を参加者で囲み、普段訪れている場所を皆でプロットしていく。参加者がプロットし終わった時には、皆が訪問する場所が同じで、同じようなライフスタイルを過ごしているということに初めて気づき、その事実に誰もが驚くそうだ。

　さらに、買い物弱者は地方都市で増え続けており、近年は大都市にも波及している。2018年6月に農林水産省から発表された数字によれば、スーパーやコンビニが自宅から遠い上に車を使えず、食品購入に苦労する65歳以上の人が、2015年時点で824万6000人にのぼるとの推計結果であった。10年前に比べて21.6%増となっており、増加の流れは止まらない。

　群馬県に住む高校生の学校までの移動手段は、自家用車による送迎が11.3〜19.7%となっており、また最寄りの鉄道駅までの送迎にいたっては32.6〜70.9%という高い割合が明らかになっている（図11）。交通弱者といえば高齢者を思い浮かべがちだが、学生も交通弱者であり、高校生を送迎する家族の負担は大きい。

　群馬県の65歳以上の高齢者においては、自動車を保有している人と保有していない人で移動の格差も生じている。自動車を保有していない人の平日の外出率は、保有している人に比べて30%も低くなっている（図12）。高齢者で自動車が使えない人の半数近くは送迎に依存しており、高齢者が自立して移動できる環境が整っていないことの裏返しと言えよう。自動車保有者の移動手段の70%が自分で運転する自動車と回答しており、一方で鉄道やバスの公共交通利用は1%という状況だ。自動車以外に安全安心に移動できる選択肢がない実態がうかがえる。

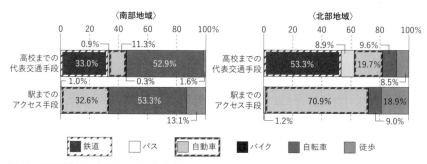

図11　群馬都市圏の高校生の利用交通手段 (出典：群馬県 (2018) 交通まちづくり戦略をもとに作成)

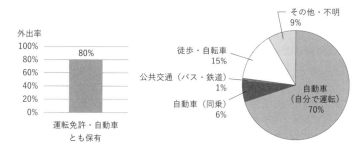

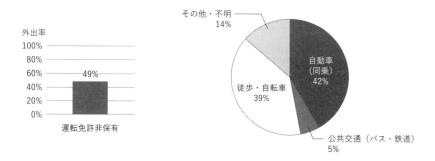

図12　前橋市における自動車免許および自動車の有無別に見た外出率および利用手段
(出典：前橋市 (2018) 前橋市公共交通網形成計画をもとに作成)

4 　外出しなくなった若者

　国土交通省では、全国の交通特性を 5 年ごとに調査しており、1987 年から 2015 年までの休日の外出率を年齢階層別に見たものが図 13 である。驚くことに、若者の休日の外出率が近年大きく低下する結果となった。これは 70 代の高齢者の外出率よりも低く、国土交通省の記者発表によれば、20 代の男性の休日の外出率は 30 年間で半減したそうだ。若者の外出率の低下にはさまざまな要因が考えられるものの、価値観が変化し、外出するよりも自宅にいることの方が満足度が高いということに尽きるのだろう。今や外出しなくても世界中の人とつながり、必要なものはワンクリックで自宅に届けてくれる時代だ。映画やエンターテインメントなどの娯楽もスマホを通して、好きな時に好きなコンテンツが視聴できる。非正規社員も増え、雇用形態も多様化していくなかで、所得も大きく影響しているだろう。

　仮にこのまま若者の移動傾向が続いたとしたら、10 年後、20 年後の日本はどのような社会になっているのだろうか。人が移動することを前提にしていたビジネスや、人がリアルに集まることで成立しているビジネスはいずれ立ちゆかなくなる恐れがあり、大きな転換を求められるだろう。

　さらに、若者の車離れも進んでいる。アメリカでは 16 歳から免許が取得できるものの、1980 年代からこの 40 年間で 10 代の免許取得率が半減していることが報告されている。アメリカでは、1995 年から 2004 年に生まれた世代を「Z 世代」と呼ぶ。生まれながらにしてスマホを利用して育った新しい価値観を持った世代だ。Z 世代では新車か中古車か、また車種についてもこだわりがない。中古車の購入比率が高く、小型車が好まれている傾向は、自動車に対する価値観が変わりつつあることを示唆するものだ（図 14）。

　日本でも、15 〜 24 歳までの移動手段がこの 15 年間で大きく変化していることが報告されている。仙台市の最新のデータによると、地下鉄・東西線の新設による影響はあるものの、若者の自動車利用が 6 ポイント、バイク利用が 7 ポイント減少した（図 15）。その一方で、この間、高齢者の自動車

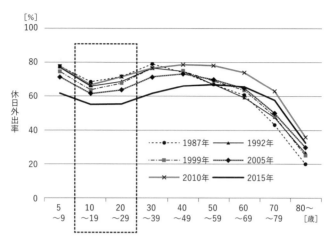

図 13　年齢階層別の休日外出率の推移 （出典：国土交通省（2017）全国都市交通特性調査結果をもとに作成）

■世代別の中古車購入比率（2018年）

現代の若者は旧世代と比べて中古車を買う人が増えている

■Z世代の車種別販売比率

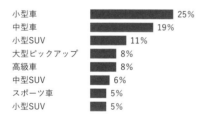

Z世代はスポーツカーやSUVより小型車を買う傾向がある

■年齢別の運転免許取得比率

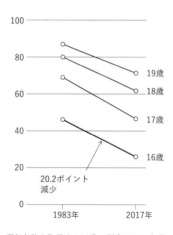

運転免許を取得する16歳の割合は1980年代からほぼ半減している

注：J・D・パワーは1946〜64年生まれベビーブーム世代、1965〜76年生まれをX世代、1977〜94年生まれをY世代、1995〜2004年生まれをZ世代と定義している
Sources: J.D.Power (sales), Federal Highway Administration via Michael Silvak (Iscenses)

図 14　アメリカの若者の自動車に対する価値観の変化 （出典：WSJ、2019 年 4 月 23 日版をもとに作成）

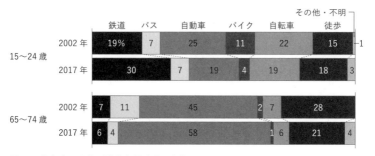

図15　仙台市の世代別移動交通手段の変化
（出典：河北新報「『移動は自動車』若年層が減少、高齢層で増加　世代間で差くっきり」（2019年2月21日）をもとに作成）

依存はさらに高まり、13ポイントも増加することとなった。その一方で、バスの分担率は11%から4%と大きく低下した。世代間での移動交通手段の利用傾向が大きく異なることが明らかになっている。

　若者の外出率が急速に低下し、マイカーに対する価値観が変わりつつある状況に対して、自動車メーカーや鉄道会社の危機感は非常に高い。スマホとともに成長してきた若者は、スマホを通して移動手段や目的地までの行き方を認識し、スマホを通して街の魅力や空間を理解していると言っても過言ではないだろう。スマホの中に魅力的な移動手段が入っていなければ、スマホユーザーにとってはそれらの移動手段は存在していないのと同じだ。

　行政側の危機感も同様に高い。アメリカ・ロサンゼルス市は明確に若者をターゲットとした交通戦略を策定しており（4章参照）、シアトル市もこれまでの交通計画を統合して新しい移動サービスを盛り込んだ交通ビジョン「MOVE　SEATTLE」を2015年に発表し、モビリティ革命を牽引している（4章参照）。

　欧米では、若者の移動を活性化する政策手段の一つとして、MaaSという概念が注目されてきた背景があると筆者は考えている。もちろん旧来の交通産業の刷新という産業政策の側面はあるものの、日本よりも先んじて多くのサービスや多くのプレイヤー、スタートアップが事業展開し、行政も先導しながら都市経営やまちづくりの観点からMaaSを推進している状況だ。

5　地方の交通を見える化してみると

　バスやタクシーの利用者は1960年代のピーク時から40%減少し、この20年間でも三大都市圏以外では3割近く減少しており（図16）、地方都市での交通サービスの低下が著しい。ドライバー不足、ドライバーの高齢化がこれらに拍車をかけ始めている。2000年以降でも三大都市圏のバス需要は回復傾向にあるものの、地方都市のバス需要は減少傾向が続いている。これだけ地方都市の公共交通の利用が減少し続けてきたのは、先進諸国の中でも日本特有の現象ではないだろうか。

　ここで、中山間地の交通実態を調査した興味深い報告があるので簡単に紹介したい。人口約3000人規模の集落に旅客と貨物でどのような種類の交通が運行しているかをとりまとめたものだ（図17）。旅客だけを見ても、市営バス、スクールバス、デマンドバス、路線バスがあり、福祉関連として患者送迎タクシー、移送サービス、デイケア関連の送迎サービス等、数多くのサービスが運行している。物流関連でもさまざまなサービスが行われている。運行時

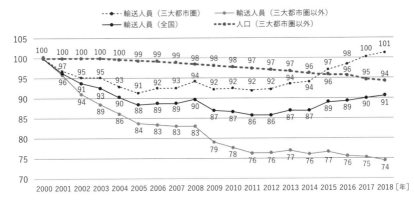

※グラフは、2000年の数値＝100とした推移を表す。
※「三大都市圏」は、埼玉県、千葉県、東京都、神奈川県、愛知県、京都府、大阪府、兵庫県を指す。

図16　全国のバス輸送人員の推移（出典：国土交通省資料をもとに作成）

旅・貨	事業名簿	運営主体		運行主体	車両数（乗車定員）	運転・配達人員
旅	市営バス	市	支所自治振興課	有限会社	1台（29人）	1人（専任）
旅	スクールバス		教育委員会 分室		1台（60人）	1人（兼任）
貨	学校給食配送			有限会社	1台	1人（兼任）
旅	デマンドバス		定住対策課	有限会社	1台（10人）	1人（兼任）
旅	移送サービス		支所市民福祉課	社会福祉協議会	1台（4人）	1人（兼任）
旅	路線バス	（株）I 交通			3台〜（1台50人）	3人〜（専任）
旅	患者送迎タクシー	S 医院			1台（10人）	1人（専任）
旅	通所デイ送迎	（福）福祉会			5台（1台3〜9人）	5人（兼任）
旅	通所リハ送迎	（福）福祉会			8台（1台4〜11人）	8人〜（兼任）
貨	郵便配達／集荷	日本郵便			5台	5人（専任）
貨	宅配便	運輸（株）			1台	1人（専任）
貨	直売所集荷便	JA			1台	1人（専任）
貨	新聞配達	M 新聞販売店ほか			計7台	15人（兼任）
貨	移動販売	O 商店			1台	1人（専任）
貨	生協	生活協同組合			1台	1人（専任）
貨	卸売共同配送	有限会社			1台	1人（専任）

※専任運転手は当該運転およびそれに伴う業務を専ら行う者、兼任運転手は他業務との兼任などにより当該運転のみを主たる業務としない者を指す。

図 17　人口 3000 人の集落を運行する車両と運転人員 （出典：藤山浩 (2015)『田園回帰 1％戦略』をもとに作成）

間もそれぞれのサービスごとにさまざまである。

　これを車両数や運転人員で整理してみると、3000 人規模の集落であっても、多くの車両と多くの運転手が存在していることがわかる。もちろん、地域によってはタクシーの運転手が他のサービスを兼任している場合もあるだろう。さらに、地域によってはこれ以外に企業向けの送迎バスや商業施設への送迎バス、旅館や観光地等の送迎バス等もあるだろう。

　日本は、個々の移動ニーズや移動目的を最適化していった結果、実は全国各地で人々の移動を支援する車両や人員の量はある程度存在しているのかもしれない。嘘だろうと疑う人は、ぜひ地方都市に出かけた際、日中に道路を走っている車両をじっと観察してみてほしい。30 分に 1 本の路線バスが通過している間に、コミュニティバス、乗り合い型タクシー、企業名の入ったワゴン、商業施設の送迎バス、デイケアサービスの車両、スクールバスなどさまざまな車両が行き交っていることに気づくはずだ。

6 運転手不足・高齢化を解決するオンデマンド型交通

　最近は高齢ドライバーが路線バスからコミュニティバスに転職するという話も聞く（孫と一緒に夕食をとれる時間に勤務が終了するためとも聞く）。中山間地に行けば、タクシーの運転手の平均年齢が 70 歳を超えているところもざらだ。共助型の移動サービスも運転手の高齢化の問題は避けて通れない。

　ここで、運転手不足や運転手の高齢化問題などの解決策として、西日本鉄道と三菱商事が共同で取り組んでいる次世代の移動サービスを紹介したい。両者が福岡市東区のアイランドシティで運行している「のるーと」は、従来の固定路線のバスサービスとは異なり、さまざまな工夫が見られる（図 18）。

　一つ目は、定員を 10 人以下とし、普通自動車第二種運転免許で運転できるようにしたことだ。タクシーの運転手でも運転できることで、新たな雇用を創出できる。二つ目は、配車をする際にシステム側から乗車バス停を指定するようにしている点だ。進行方向に対して反対車線での乗車や迂回などが回避でき、配車までの時間が短縮でき、利用者にとっても事業者にとっても効率的だ。三つ目は、地域のタクシー会社に配慮し夜間の運行は行っていないことだ。結果、のるーとの運転手の負担は軽減され、運転手の労働環境も改善していると聞く。

　2019 年 4 月から開始した「のるーと」は 2 年近くが経過し、着実に利用

図 18　快走が続く福岡ア
イランドシティのオンデ
マンド型交通サービス
「のるーと」

者を増やしてきた。また、このコロナ禍においても利用は順調と聞く。世界中でオンデマンド型交通サービスが休止しているパンデミックの最中も運行を続けてきたことは特筆すべき点だ。交通事業者が運行を手掛けていることから、ライフラインを止めるわけにはいかないという強い思いがうかがえる。アイランドシティ内の老人ホーム見学への送迎用の足として無料で利用できるサービスも始まっている。また、2020年6月からは福岡市西区壱岐南エリアでも1年間の実証運行を開始しており、「のるーと」を全国の地域・事業者に展開していくことも表明している。

　ドア・トゥ・ドアの移動サービスとして注目されているオンデマンド型交通サービスは、公共交通機関を時間的にあるいは空間的に補完する移動手段として、普及が加速していくかもしれない。これまでの「流しの文化」に加えて、まるで自分のお抱えハイヤーのように「呼んで利用するという文化」が浸透したその先に、自動運転や無人運転社会が訪れるのではないだろうか。

　人口減少が本格的に始まっているなか、地方行政の財政も厳しい状況が続いている。地域の生活を持続していくためには、個別の最適化から全体の最適化への方針転換は必須であり、そのためには地方行政が自分たちの街を経営していくという発想の転換が求められる。まずは、自分の街の移動サービスの実態を可視化することから始めてみてはどうだろうか。MaaSは、自分の街の移動サービスを可視化することができ、地域の課題を知るきっかけにもなる。市民からMaaSに「なぜこの移動手段は含まれていないのか？」と改善の声が挙がったり、交通手段がつながっていないことが明らかになれば、異なる交通手段の連携が進むきっかけになるかもしれない。特定の交通手段と連携していなければ、観光客や訪日外国人にとっては、その場所を訪れるハードルは一気に高くなり、MaaSのサービスの良し悪しが来訪者数に大きな影響を与えることになる時代が来るかもしれない。

＊1　国土交通省（2016）国土交通省生産性革命プロジェクト、2016年5月23日
＊2　毛利雄一・若井亮太・山本悟司（2016）「道路交通センサスODデータを用いた自動車の保有・走行及び駐車特性に関する分析」『土木計画学研究・講演集』vol.53
＊3　宇都宮市中心市街地活性化協議会（2016）平成28年度事業報告

3章

MaaSが都市空間を
再定義する

1   MaaS が都市に与えるインパクト

　自動車という伝統的な移動様式に加えて、MaaS という新しい移動様式が加わった社会とはいったいどのような姿になっていくのだろうか。

　都市部での自律的な自動運転にはさまざまな課題があり、自動運転車両と非自動運転車両が混在した走行や、駐停車車両や自転車などとの混在した走行にはまだまだ解決すべき事項が多く存在する。このような課題に対して、自動運転などの特定車両専用の走行空間に先行的に投資してきた地域においては、鉄軌道や路線バス、新しいモビリティサービス等を一元的に統合し、移動の選択肢に自動運転タクシーや自動運転バスが加わっているかもしれない。目的地までドア・トゥ・ドアでこれら自動運転サービスが利用できたり、鉄道までのアクセスに利用できたり、組み合わせのバリエーションも増えているかもしれない。

　ここで、将来のモビリティ社会を考える上でヒントを与えてくれる、マサチューセッツ工科大学(MIT)がアメリカ・ボストン中心部で行ったシミュレーションを紹介したい（図1）。シミュレーションでは、将来の交通手段の構成について二つのシナリオを想定して都市へのインパクトを評価している。

　「シナリオ A」は個人の自動運転が一部に普及した場合、「シナリオ B」は自動運転バスや自動運転の相乗りタクシーが普及し、シェアリング（共有）によるモビリティサービスのみの破壊的なシフトが生じた場合、を想定したものだ。シナリオ B においては、都心部での移動手段として、公共交通が34%、自動運転バスが28%、自動運転タクシーが24%、自動運転相乗りタクシーが14%の利用割合を設定し、ミクロシミュレーションにより、自動車交通や環境への影響を評価している。

　破壊的なシフトが起きたシナリオ B では、二酸化炭素の排出量が66%減少、自動車走行台数も28%減少するとしている（図2）。注目は、必要となる駐車スペースが半減する可能性が試算されている点だ。今回のパンデミックで、世界の人々は自動車の交通量が減ることで大気環境が大きく改善する

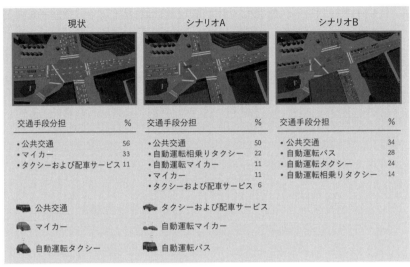

図1　ボストン中心部で行われた自動運転社会が都市に与えるインパクトのシミュレーション
（出典：BCG（2017）Making Autonomous Vehicles A Reality に加筆）

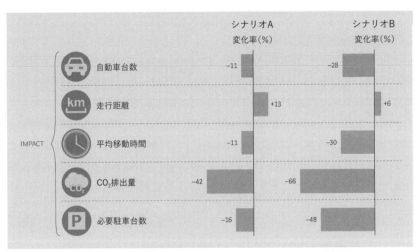

図2　ボストン中心部で行われた自動運転社会が都市に与えるインパクトの試算例
（出典：BCG（2017）Making Autonomous Vehicles A Reality に加筆）

ことを知ってしまった。加えて、自動車が減れば駐車場という空間が必要なくなることも知ってしまった。シナリオBはマイカー等の車の所有がなくなり、すべてシェアリングによるモビリティサービスでの移動という極端なケースではあるものの、都心部の業務地区では通勤交通による長時間駐車が不要になるため、都市空間に与えるインパクトが非常に大きくなることを示唆したものだ。

　確かに、自動運転であれば、自分のオフィス近くで車を降り、その車は他の目的や他の利用者に使用されることも可能になるし、Tesla（テスラ）のCEOであるイーロン・マスクは自動運転の販売促進のビジネスモデルとして、このような利用を前提とした車両とサービス開発を提案している。また、オフィスに付帯した駐車場でなくても、少し離れた場所で待機させておくことも可能となるだろう。MITのシミュレーションの結果は、駐車場という役割が大きく変化していくことを示唆したものだ。これから駐車場の役割は、長時間駐車する機能だけでなく、短時間の駐車や停車のニーズが重要になるかもしれない。自動で駐車することで必要となる駐車面積や通路の面積等も縮小されるだろう。

　また、シェアリングの割合が上昇することにより、地域全体の乗車効率が増加する。シミュレーション結果に示されるように自動車の交通量が3割ほど削減されれば、渋滞は大幅に緩和されるだろう。路線によっては必要となる車線数を減少できるかもしれない。その場合には、自動運転専用の空間や他の移動手段の空間に街路空間をアップデートできる可能性も出てくるだろう。なお、ここでの試算には含まれていないが、自動車関連の交通事故、特に死亡事故や重大事故は大きく減少することも期待できる。

2　　駐車場の再定義

　前述したボストンの試算はあくまでシミュレーションであり、さまざまな

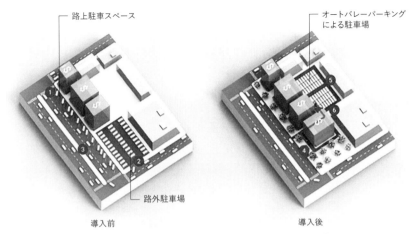

図3 Audi が提案する自動運転技術とオートバレーパーキングを導入した土地活用 （出典：Audi）

仮説条件での推計結果である。ただし、MaaS が進展し、自動運転が本格的に到来した社会においては、駐車場の役割や機能は確実に変化が求められることになる。配車サービスが普及していくと、長時間駐車するための空間は都市部では減少していくだろう。オートバレーパーキング（無人で自律走行し駐車を代行するシステム）が面的に導入された地区では、施設に駐車場が付帯する必要がなくなる。目的施設近傍で車両を降り、低速で離れた駐車スペースに自動で移動し待機しておければよく、駐車場の配置やビルのデザインにも影響を与える。

　自動車メーカーの Audi（アウディ）は、オートバレーパーキングを導入することで土地の有効活用が進み、地区の資産価値向上にも貢献すると提案している。図3の左は従来の平面駐車場がある区画で、路肩には短時間利用のための路上駐車スペースがあるような一般的な欧米の街路だ。オートバレーパーキングの技術を利用すると、図3の右のような狭い面積に多くの車両を駐車でき、また建物前で車両を降りれば、自動で駐車場まで移動し、結果、エリア全体の駐車面積を少なくでき、地区全体の土地を有効活用できるようになるというアイデアだ。配車サービスの車両サイズが統一されると、さらに駐車場は狭くできるとしている点も自動車メーカーならではの発想だ。これは

一例であるものの、このように自動運転が目的ではなく、自動運転が進展することで、街がどのように変わるかを具体的に描いていくことが大切である。

　街なかの路上駐車場や路外駐車場をコントロールして、渋滞や二酸化炭素排出などの問題を改善していく取り組み、いわゆる「スマートパーキング」も2000年以降に世界中で普及し始めている。街全体の駐車場の空き状況を提供することで、ドライバーが駐車場を探す時間を短縮できる効果が各地で報告され、普及に拍車がかかっている。路面に簡易なセンサーを設置し、駐車場の空き状況や料金など、アプリを通して提供するものが一般的だ。

　アメリカ・サンフランシスコが世界で最初に大規模に実施し、稼働状況により料金が変動するダイナミック・プライシングを採用している。2011年から3年間に行われたパイロットプログラムの結果では、稼働率が向上し、駐車場探しの時間が半減した等の効果が報告されている。2018年には、当初7000カ所あった路上駐車スペースを28000カ所に拡大、市営駐車場も全域に対象を広げている。サンフランシスコ以外にも、ボストンやロサンゼルスなどで同様の取り組みが実施され、最近はスマートシティの一環としても注目されており、欧州ではスペインのバルセロナやサンタンデールが日本でも知られている代表的な取り組みだろう。

　さらに、オーストラリア・アデレードでは、これまでの立体駐車場への投資から、モビリティ革命に先行したスマートパーキングへの投資に移行しており、市内中心部に2800カ所のスマートパーキングを導入している。アプリを通して、駐車場の空き情報、料金、稼働している時間帯がリアルタイムで把握でき、決済も可能だ。駐車制限時間が近づくと、アラートで知らせてくれる。

　これらの取り組みで重要な点は、いずれもモビリティ革命への先行的な投資を行政主導で行っている点であり、渋滞や事故、環境問題の改善のために取り組んでいる点だ。都市の経営には駐車場のマネジメントが重要という認識は世界共通であり、駐車場のデジタル化が進められている。日本では、世界でも先行してカーナビなどに道路交通情報通信システム（VICS）を通して一部の駐車場の満空情報が提供されているものの、世界のデジタル化の流

図4　Walmart が描く新しい駐車場のイメージ （出典：Walmart）

れと比べると量的にも質的にも見劣りすると言わざるをえない状況だ。

　また、駐車場の情報がデジタル化されていくことで、イギリスを拠点に駐車場情報サービス事業を手掛ける Parkopedia（パーコペディア）社のように世界 89 カ国、1 万 5000 都市で約 7000 万台の駐車場を取り扱う企業等も登場している。たとえば、MaaS 事業者の SkedGo 社と Parkopedia が提携し、TripGo のアプリ等で駐車場情報を提供するサービスも始まっており、駐車場単体の機能にとどまることなく、マルチモーダルなサービスとの連携が今後も加速していくだろう。

　郊外のショッピングセンターも巨大な駐車場が売りという時代は終焉を迎えつつある。Uber や Lyft 等の配車サービスの台頭は、マイカーでの来店を前提とした駐車場設計の見直しを迫っている。さらに、近年の e コマースが拍車をかけている状況だ。

　アメリカを代表するスーパーマーケットの Walmart（ウォルマート）は、2019 年末に新しいビジョンを発表した（図 4）。店舗に併設している駐車空間を見直し、家族連れや来訪者が憩える空間に再編し、また必要に応じてモビリティ・ハブを要素に加える提案だ。モビリティ・ハブには、バス停留所

図5　イエテボリのカーフリーリビング Riksbyggens BrfViva （出典：Riksbyggens）

や自転車シェアリング、電動キックボード、カーシェアリング等を集約した次世代型の交流空間を導入し、自動車を保有しない来訪者にも対応した機能の拡充が盛り込まれている。自動車や自転車を購入するかのように自分の価値観やその日の TPO に応じて移動する手段を自由に選択できるモビリティ・ショップを商業施設に併設し、新しい体験の場所を創出していく発想だ（モビリティ・ハブの詳細は後述）。すでにテキサス州テンプルの Walmart では駐車場がリニューアルされ、さらに現在 4 カ所で計画が進められている。

　また、MaaS は住宅開発にも影響を与え始めている。MaaS を前提に、駐車場のないあるいは抑制された新しい住宅が開発されている。たとえば、スウェーデン・イエテボリに「カーフリーリビング」という新しい概念の集合住宅が 2019 年 3 月に誕生した（図5）。イエテボリといえば、中心市街地にゾーンシステムを採用した環境先進都市としても著名なところだ。EC2B 社が提供する MaaS アプリを通して、居住者は公共交通の電子チケット、GoRide（ゴー・ライド）社の自転車シェアリングや Sunfleet（サンフリート）社のカーシェアリングが利用できる。EC2B 社はアプリの提供だけにとどまらず、住民に対して新しいモビリティの利用方法やその意義などを講習する活動も行っており、また新しいモビリティを提供したい企業と地域を結ぶ役割も担っている。まさに、移動手段をモノで提供するのではなく、サービスで提供している先進例だ。このプロジェクトは、EU のスマートシティ

プロジェクト（IRIS）とも協力し、政府機関などの支援も受けて実施されている。イエテボリ市では、この住宅開発の取り組みを高く評価し、2019年ベストビルディング・オブ・ザ・イヤーを授与している。

　また、集合住宅と一体化した駐車場は、今後設置する必要がなくなるかもしれない。たとえば、少し離れた空間に駐車場を集約したり、2台目の駐車スペースは隔地とし、土地の活用が難しいようなスペースや少し高台の場所を利用するなど柔軟な対応が可能になるだろう。自動運転車がゆっくりとした安全なスピードで移動し、利用したい時に呼べば駐車場から集合住宅の玄関まで来てくれるのなら、集合住宅の地下や1階に駐車場をつくる必要は薄れていく。このような利用に限定した場合には、非常に高度かつ高価な自動運転技術は必ずしも必要ではなく、近い将来に実現する技術を前提に街のつくり方を変えていける好機になるかもしれない。

　このように集合住宅に付帯する駐車場を抑制できれば、不動産会社にとっては、その分、居住面積を拡充することもできるし、共有面積を充実できる。開発コストも縮減できるため、安価な価格で住宅供給が可能となる。また、交通事業者にとっては、新規需要の開拓につながり、行政としては持続可能な社会の実現に貢献できる。まさに三方よしの政策ではないだろうか。

3　　街路空間の再定義

1）特定車両を優先する先行投資、運用ルール

　すべての自動車が自動運転に移行し、一般に広く普及するにはかなりの時間を要すると言われている。確かに2023年頃からレベル4（特定条件化での完全自動運転）の個人向けの新型車が販売され始めたとしても、自家用車の車齢が10年を超える昨今においては、公道での普及率が5割を超えるのはかなり先のことだ。個人向けの車両においては、たとえ自動運転に必須の周

辺監視用ライダー等が安価になったとしても、高額な車両価格が想定され、すぐに誰もが手軽に購入できるものではないだろう。内閣府の戦略的イノベーション創造プログラム（SIP）のロードマップに示されているように、バスやタクシー、トラック等の商用車から先行して普及していくのが現実的だ。個人向けの車両についても、当面はシェアして利用することが想定される。

　そう考えた場合、将来のビジョンを描いていく上では、100%普及のシナリオではなく、さまざまな技術レベルの車両が混在したモビリティのブレンド割合を一つの目標として掲げ、そのために必要なインフラの先行投資や運用ルールなどを検討していくことが求められる。

　ロンドンでは、2000年以降の17年間で市内290kmのバス専用レーンを整備してきた。バスのために街路を新設したわけではなく、既存街路の再編により生みだしたものだ。ニューヨークでは2010年以降、15区間の約160kmをバス専用レーンに再編した（図6）。地球温暖化への対応はもちろんのこと、今後の都市の成長を支えていくためには自動車需要に対する供給量は飽和状態であり、就業機会を増やし雇用の場を確保していくため、先進都市においては特定の交通手段を優先する空間を積極的に増やす政策が進められている。これはロンドンやニューヨークに限った話ではなく、欧米の多くの都市で共通の政策となっている。

　また、このような専用空間は広幅員の街路空間が整った欧米だからできるという議論を耳にする。本当だろうか？

　欧州の中心市街地の多くは狭隘な街路で構成されており、片側2車線や全体で3車線の街路が一般的だ。しかし1990年代から、バス専用レーンを都市の幹線ネットワークとして再編している都市が欧州で続々と出現している。

　たとえばオランダ・アイントフォーフェンでは、片側2車線の1車線をバス専用レーンとしてバス高速輸送システム（Bus Rapid Transit、BRT）を導入している。最近ではすべての連節バスを電動化するなど、バスの技術革新を進めている都市の一つだ。空港へのアクセス道路は両側で3車線しか幅員がないものの、中央レーンを相互に利用する運用で定時性を確保している。

　フランス・ルーアンでは、中心市街地はバスのみの街路空間とするだけで

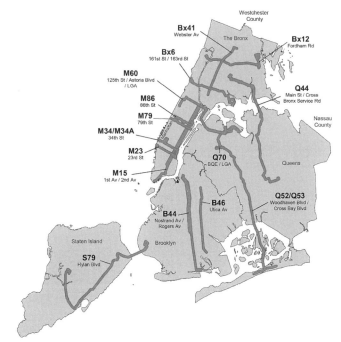

図6　2010年以降に15区間160kmのバス専用レーンが導入されたニューヨーク
（出典：NYC DOT（2018）From Disarray to Complete Street, TRB BRT Conference, June 19, 2018）

なく、郊外部などで両側3車線しかない区間において、バスが接近すると信号が青に変わる優先制御を実施している。バス停留所では停止するものの、信号ではほぼ停止しないしくみだ。両側3車線の街路空間では、中央部をバス専用とし、交差点間のほぼ半分を相互に利用する運用を行っている。図7に示す通り、左からの一般のレーンを走行したバスが、交差点を通過して次の交差点に向かう途中、半分ほど来たところで、中央のバス専用レーンに流入し、バス優先制御と連動し、信号で停止することなく通過し、通過後一般のレーンに戻るという運用だ。

　歩行者や自転車などのさまざまな交通が交錯する都市部においては、自動運転の普及は多くの課題があると聞く。一方で特定車両が走行できる専用の空間や専用の停留所を備えた都市であれば、自動運転に対するリスクは混在

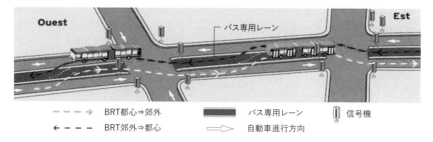

図7　狭隘路線でバスを優先制御するルーアンのしくみ（出典：CREA のデータに加筆）

する道路空間よりもはるかに低くなる。近い将来、首長が公道への自動運転車両の走行を許可する場合、まずはこのような専用空間から許可するのが自然だろう。

　自動運転の移動サービス提供者等は、運行設計領域（Operational Design Domain、ODD）を自ら定め、安全を確保することが国のガイドライン（国土交通省自動車交通局（2019）自動運転車の安全技術ガイドライン）でも定められている。1990 年代から自動運転に適した走行環境をハードおよびソフトで整えつつある先進諸国の取り組みは、いずれ国家間の競争力にも大きな影響を与えていくのではないだろうか。

2）自動運転技術が車線幅員を変える

　また、自動運転の技術により、従来の 1 車線あたりの幅員の概念が変わるかもしれない。道路の構造令では、道路の種級により道路幅員を 3.5m や 3.25m と規定している。モータリゼーションが普及し始めた頃に、自動車が安全に走行できる空間として決められた法制度だ。すでに白線を検知して安全運転を支援する車両が広く普及し始めており、読者の中にはその有用性を体感している人も多くいるだろう。商用車などの広幅員を要する車両に自動運転が標準装備になった世界では、専用レーンの車線幅員は次世代技術に順応してアップデートできる可能性がある。

　これは夢物語と思われる方もいるかもしれないが、先に紹介したフラン

図8　半自動運転技術により車道を最小限にし、歩道や停留所を確保しているルーアン

ス・ルーアンの中心部にはこのような空間が実現しているところがある。中心部の東西方面の移動を支援するため、BRT（フランスではBHLSと呼ぶ）が導入されており、導入を契機に旧市街地の狭隘な空間はバスと歩行者の専用空間に再編された（一部、自動車の走行を許可しているセミモールの区間もある）。バスは半自動運転の制御を採用しており、白線検知によりハンドルを操舵し、運転手がハンドルを操作することなく運行している。路面には、バス停留所前後の区間に2本線の白線が引かれており、この白線を光学カメラで認識しハンドルを自動制御するしくみだ。

　このような最先端のしくみが20年前から導入されていることには驚愕する。ルーアンの旧市街地や東西方向の道路は狭隘でかつ線形が悪く高低差がある。そこでルーアン都市共同体では、半自動運転の技術を採用、中心部はバス専用レーンとすることで、車両の空間は従来必要とされた幅員よりも狭い幅員で運用することが可能となっている（図8）。その結果、歩道も確保でき、バス停留所も整備できた。自動運転が目的ではなく、狭隘な道路で十分な安全

図9　ロッテルダムのビジネスパークエリアを運行する無人運転のパークシャトル

を確保しながら有効な空間を創出するために自動運転技術を応用した好例だ。

　加えて、半自動運転技術によりバス停留所への正着も実現している。中心部のバス停留所はバリアフリーに対応しており、スロープにより床高な構造となっている。これはバスの床高と停留所の高さを合わせるためであり、その結果、車椅子やベビーカーの利用者などは鉄道のように水平方向のみで乗降ができる。横から見るとバス停留所は台形上の構造となっている。連節バスなど車長の長いものは、停留所とバス車両の間が空いてしまう問題があり、半自動運転はその解決にも貢献している。

　また、必ずしも歩車共存にこだわることなく、歩車分離を前提に街路を設計することで、比較的狭隘な空間に自動運転車両を導入できる。たとえば、オランダ・ロッテルダムでは、2006年から駅と郊外ビジネスパーク Rivium の移動を支援する自動運転バス「パークシャトル」の運行を続けている。五つの駅を結ぶ1.8kmの区間を6台の無人車両が運行しており、1日あたり2000人ほどの利用者がいるそうだ。自動走行は路面に埋められた磁気コイルで運行を制御するという簡易なものだ。車両は駅でボタンを押して呼びだすオンデマンド方式で、乗車するプラットホームにICカードのリーダーが設置されており、乗車前にカードをタッチして乗車する。乗車して降車したい停留所をボタンで指定すると、走行がスタートする。初めてでも特に説明

を聞かずに利用できるように設計されている。

　図9はビジネスパークの2駅目から市街地側を見た写真である。5mほど
の道路空間を双方向で運行している。日本の街路では、側方に1車線分ほど
の幅員があれば導入可能な空間だ。自動で運転を制御していることで、ピー
ク時には2.5分間隔での運行を実現しているそうだ。ビジネスパークという
特有の地区と駅を結ぶというサービスに特化し、最先端の技術でなくても無
人での運行を実現し、利用者が停留所で待つのではなく、停留所で呼ぶとい
う運用により、オフピーク時でも時刻表を気にせず利用できる等のメリット
も大きい。

3）自動運転技術が歩車共存空間を促進する

　スイスのシオンという3万人ほどの小さな街では、2016年6月から、す
でに4年以上にわたり自動運転バスが運行している（図10）。駅と中心市街
地を10分ほどで結ぶ循環路線が最初に運行を開始し、その後中心市街地か
ら住宅地を結ぶ路線を追加、現在2系統が運行されている。中心市街地の街
路は片側が商店、反対側がオープンカフェなどのオープンスペースとなって
おり、実質セミトランジットモールになっている。歩行者の横断も多く、沿

図10　シオンのセミトランジットモールを走行する自動運転バス

道が一体となった空間だ。駅から循環する Navya（ナブヤ）社製の自動運転バス「ARMA（アルマ）」が、この中心市街地の街路を通過する。自動運転バスには補助員が同乗しており、何か異常が生じた際には車両を操作するが、訪問時にはほとんど操作することなく運行されていた。

　シオンの中心市街地はエリア全体をゾーン20（最高速度を時速20km 以内に制限する区域）やゾーン30 としており、自動運転や他の車両が共存できる速度に抑制されている。歩行者が横断する場合には自動運転バスとの錯綜が生じているものの、安全な速度で停止しながら、ほどよい距離で歩行者と自動運転バスが共存していた。自動運転バスの車両には後続車が続くことも多いが、あおり運転などは皆無であり、皆暖かく見守っている様子が大変印象的であった。自動運転の実用化には社会的受容性が欠かせないという話を専門家から時々聞く。シオンを訪れれば、誰もがその意味を実感し、深く理解することができるだろう。

　社会的受容性が重要となることは、トランジットモール等の歩車共存道路の場合も同様だろう。日本ではこれまで全国各地で数多くの実証実験が行われてきたものの、実用化された都市はわずかであり、実用化されたとしても警備員の配置等による人的な維持管理コストを抱えながらの運用が続いている。

　非常に高度な自動運転技術を待つことなく、レベル2やレベル3（条件付き自動運転（限定領域））の自動運転技術であれば、人と車が共存した空間を後押しできる可能性が十分にあると筆者は考えている。水平のエレベーターとも言われる自動運転バスがその技術の効果を最大限発揮するためには、歩行者の多い空間への乗り入れが重要であり、人との接触を回避できる技術を有していることで、これまで歩車共存空間を導入する上での大きな課題であった人と車両との事故のリスクを大きく低減できる可能性がある。トランジットモールを実用化している都市では、安全確保のために警備員を配置するなどで対処してきたが、これら運営コストを圧縮できる点も大きなメリットだ。

　パリの副都心、ラ・デファンスでは人工地盤の歩行者空間にシオンと同じNavya 社の自動運転バス ARMA が 2017 年 6 月から 2 年近く運行していた（2019 年 7 月頃に実証は終了）。走行している映像は YouTube などでも公

休日は道路空間活用によるイベント開催

パレット型モビリティを日替わり店舗やイベント施設として利用することで、通りの機能をフレキシブルに拡張する
Urban Planning Issue
都市計画、建築、ランドスケープが一体となった沿道計画・設計

限りなく身体に近く、親和性の高いパーソナルモビリティを利用することで、「歩行」を拡張する

店舗と一体となった道路空間・建物内外の人の活動を連続させる

ライジングボラードによる車両の進入制御
Urban Planning Issue
人や車の動きの予測

図 11　平日、休日、夜間と空間をダイナミックに運用する街路空間の提案
（出典：大手町・丸の内・有楽町地区スマートシティビジョン）

開されているので、関心のある方はぜひそちらも視聴してみてほしい。ラ・デファンス地区では、自動運転バスが走行する仮想の空間領域を予め決めておき、そこに人などが侵入した際に車両を制御するという単純なしくみで運用されていた。運行主体はフランスのグローバルオペレーターの Keolis（ケオリス）だ。ラ・デファンスの実証実験は、観光客やビジネスマンが多く行き交う空間で自動運転バスが実走行できることを証明したものであり、フランスの国力を世界にアピールしたことでも知られている。

　このように自動運転技術の最大の意義は事故のない社会の実現だろう。運転車の運転負担軽減や車両内での新しいビジネスなどが盛んに PR されているが、自動車の安全性が高まることにより、人と自動車の距離が縮まり、そのことで街路の使われ方を大きく変革できる可能性を秘めている。

　日本でも将来のモビリティ革命を先導していくビジョンづくりが始まっており、従来の建物や公共空間のデザインだけでなく、街路空間の新しい機能や使い方の議論が活発だ。筆者も参加した大丸有地区まちづくり協議会が 2020 年 4 月に発表したスマートシティのビジョンには、新しい未来の社会が数多く描かれている（図 11）。「人の『移動』を Smart&Walkable に変える都市のリデザイン」がキーワードだ。

　その中の大きなテーマの一つに、新しい歩行空間の提案がある。まちづく

りの中で形成してきた、賑わいとアメニティあふれる歩行者優先の空間を、新技術や新モビリティサービスの導入によってより高め、リデザインしていく考えだ。これまでの単なる歩行者専用空間にとどまることなく、パーソナルモビリティやパレット型モビリティなど「新たなモビリティサービス」が人をアシストし、人と人とのフィジカルなコミュニケーションがより促進される空間が提案されている。特に、沿道店舗と歩道、歩道と車道の境界をなくし、建築とインフラがフラットに連続し、時にはイベントが開催されるなど、街路空間が通行空間としての機能だけでなく、賑わいの場となるなど、ダイナミックに可変していくビジョンが描かれている。

　また、幹線的な街路空間においては、従来の車道・歩道といった概念にとらわれず、速度や用途の異なる歩行、低速・中速パーソナルモビリティサービス、自動運転車両、公共交通システムなどの複数の移動手段が複合された路上交通システムが提案されている。これらの多様な移動手段をスマートにつなぐ空間がデザインされている点も注目だ。

　さらに、地下空間についてもビジョンが提示されている。地下は地下鉄・地下通路とのアクセスや駐車場の連結など、建築とモビリティの結節空間としてこれまで機能してきた。このビジョンにおいては、「移動」手段をシームレスに切り替えるシステムを導入し、自動運転などの新技術により効率的な駐車が可能となり、駐車スペースの余剰を新たなモビリティサービスの格納庫やタクシープールなどの空間に転換していく内容が盛り込まれている。これまで主に交通・駐車のために利用されてきた地下空間に、賑わいを創出していくことが謳われている。

　また、国土交通省ではビジョン「2040年、道路の景色が変わる」を2020年6月に公表した（図12）。道路政策を通じて実現を目指す2040年の日本社会の姿と政策の方向性が提示され、ビジョンの目標として、普遍的な価値観である「人々の幸せの実現」を設定し、「進化と回帰」をテーマに提言がとりまとめられたものだ。提言には、有識者の意見と合わせて、中堅職員の意見も反映されている点は注目だ。筆者も提言に向けて、国土交通省の職員の方々との意見交換の機会をいただいたこともあり、ビジョンに描かれた

図12　国土交通省が発表したビジョン「2040年、道路の景色が変わる」で描かれた低炭素な交通システム（出典：国土交通省（2020）ビジョン「2040年、道路の景色が変わる」）

2040年の道路の姿にとてもワクワクしている。

　ビジョンでは、道路の景色がどう変わっていくのかについて、五つの将来像を具体的に予測している。①通勤帰宅ラッシュが消滅した社会、②公園のように道路に人があふれる社会、③人・モノの移動が自由化・無人化した社会、④店舗（サービス）の移動で街が時々刻々と変化する社会、⑤災害時に「被災する道路」から「救援する道路」になる社会だ。いずれも道路を人々が滞在し交流できる空間に「回帰」させていくことを目指すものとなっている。

　そして、持続可能な社会を実現していくために、目指すべき三つの大きな方向性を提案し、具体的な生活像を提示した。一つ目は、日本全国どこにいても、誰もが自由に移動、交流、社会参加できる社会。二つ目は、世界と人・モノ・サービスが行き交うことで活力を生みだす社会。三つ目は、国土の災害脆弱性とインフラ老朽化を克服した安全に安心して暮らせる社会だ。

　ビジョンの中では、将来の道路のイメージが数多く提案されている。低炭素を実現していく街路空間、中山間地の暮らしを支える道の駅および周辺の空間、公園のような道路、マイカーを持たなくても便利に安心して移動できるモビリティサービスと空間、移動店舗等が道路の路側で営業している空間

などが描かれており、大変興味深い。

　また、筆者も参加した神戸市議会未来都市創造に関する特別委員会では、「2050年を見据えた神戸のまちづくり」を2020年6月に発表し、市長に七つの政策提言を行った。1番目の提言は「新たなモビリティ社会への対応」で、公共交通を含めて自動運転技術を活用した移動サービスが導入されることを前提に、街の構造を考えていく必要性が謳われている。自動運転の完全普及にはまだ時間がかかることから、一般車両と自動運転車両との共存を念頭に置きながらインフラ整備のあり方を検討していく重要性が語られている。

　地方自治体からこのようなメッセージが発せられた先鋭的なものであり、10年後を見据えた短期的な提言と20～30年後を見据えた中長期の方向性が示されている。中長期においては、自動運転バスやBRT等の専用レーンや優先信号のインフラ整備、交通事故ゼロを目指した街路空間再編の検討が謳われている点も注目に値する。市長への提言を踏まえて、具体的なビジョンづくりを期待したい。

4）カーブサイド（路肩）のマネジメント

　MaaSの普及は、道路の路肩にも大きな影響を与え始めている。路肩とは、歩道と車道の間の空間であり、縁石とも呼ばれる。世界では「路肩の争奪戦」が始まっており、アメリカでは「カーブサイド・マネジメント」という新しい計画概念も生まれている。広く配車サービスが普及している欧米においては、タクシーを流しで拾うのではなく、スマホで呼んで利用するという習慣が定着している。その場合、車寄せがあるビルは限られており、施設に近い道路上で乗降することが一般的だ。本線上での乗降は、後続車の安全を脅かし、渋滞を誘発する恐れもあることから、道路上での乗降が頻発する区間では路肩の存在が重要になってくる。つまり、このような路肩空間がある場所や施設の価値が今後高まっていくことを意味する。

　配車サービスを展開するLyft（リフト）は街路空間に乗降スペースを設置することを積極的に提案しており（図13）、路肩の価値が再考されている

図13　Lyftが提案する乗降スペースを前提とした道路空間のイメージ（出典：Lyft）

　のが今や常識だ。

　自動車メーカーの Daimler（ダイムラー）は2017年のパリ・モーターショーで自社の中期ビジョンとして「CASE」（インターネットに接続し電動化・自動化された自動車による次世代移動サービス）を掲げ、その際に自動車部品メーカーの Robert Bosch（ロバート・ボッシュ）と共に示した都市のイメージ図（p.4写真）は、路肩がどのように重要かを理解する上で興味深い。個々の車両に目を奪われがちだが、路肩に注目してほしい。手前や左側にはシェアリング用の駐停車スペースが描かれており、遠方には新交通システムの高架下に小型の車両が待機している。路側帯には自転車やカーゴバイクが走行している絵が描かれており、自動運転車両とマイクロモビリティ車両が走行する空間が分離された街路が提案されている。MaaS時代においては、個人用やシェアリング用のさまざまな用途の車両に対して、すぐに乗降できる短時間用の駐停車スペースが重要になっていくことが、この絵からも読み取れる。

　また、これまではバスの停車空間や荷捌きの空間などとして運用されてきた路肩は、カーシェアリングや自転車シェアリング、電動キックボードのス

ペースなど、新しいモビリティサービスの空間としても活用され始めている。with コロナ時代には、可動式のキッチンカー等のスペースとしても期待されている。

　Google の持ち株会社 Alphabet（アルファベット）の子会社 Sidewalk Labs（サイドウォークラボ）がカナダ・トロントのキーサイド地区で構想していたスマートシティ計画は、2020 年に撤退を表明したが、その計画書では、需要に応じて路肩や車線を柔軟に変更する内容が盛り込まれており、多くの注目を浴びた。この計画書の中では、日中は自動運転の配車乗降用のスペースとして、夜間は露天や屋台などのスペースとして路肩を利用するシーンが描かれていた（図 14）。スマートシティのショールームではそれを体感できるスペースもあり、実用化も間近と言われていただけに残念である。街路空間を人々の利用状況やニーズに応じて柔軟に変更するという、従来の車線という概念を取り払ったアイデアは、これまでの固定観念を覆すものであり、IT 企業ならではの発想であった。

　1 章で紹介した、Alphabet がアメリカ・アリゾナ州フェニックスで展開する自動運転のオンデマンド交通サービス「Waymo One（ウェイモワン）」は、同州のチャンドラーでも運用されている。チャンドラーはフェニックス同様、自動運転の導入を自治体が支援している都市の一つであり、2019 年11 月には、筆者の認識ではおそらく世界で初めて、自動運転の配車サービス専用の乗降場が市庁舎前に設置された（図 15）。チャンドラー市では自動運転時代に先駆けて専用の乗降場を義務化する法案が議論され、駐車場の付置義務台数の削減が検討されている都市でもある。

　このように路肩に注目が集まるなか、その運用状況をデータ化していく取り組みも活発化している。たとえば Sharedstreets（シェアドストリーツ）という非営利団体は、街路区画ごとに路肩がどのように利用されているかを手作業でデータ化し、街路空間の利活用や新しいモビリティサービスの運用状況などを可視化することで、地方自治体や民間事業者のコンサルティングなどの事業を展開している。Sharedstreets は、ブルームバーグ・フィランソロフィーズ（元ニューヨーク市長マイケル・ブルームバーグ氏の慈善団体）

図14　Sidewalk Labs がトロントで計画していたスマートシティでのダイナミックな空間利用の提案（上：日中の利用、下：夜間の利用）（出典：Sidewalk Labs Toronto）

図15　チャンドラーの市庁舎前に世界で初めて設置された自動運転専用の乗降スペース（出典：Waymo One）

から資金提供を受け、NACTO（全米都市交通担当官協会）および Open Transport Partnership が共同で設立した団体だ。

　たとえばオープンストリートマップを用いて、Ford（フォード）社のプローブ情報（実際に自動車が走行した位置や車速などの情報）から生成される渋滞情報や Uber や Lyft 等の配車サービスの乗降場所の情報を統合し、新しいモビリティサービスが街路や沿道に与える影響をモニタリングするツールを開発し、地方自治体や NACTO とも連携した取り組みを進めている。Sharedstreets は、これらのプラットフォームを構築しており、行政と新しいモビリティサービス事業者との利害調整やコミュニケーションを担う役割が期待されている。

　アメリカ・デトロイトでは、Sharedstreets のオープンプラットフォームを用いて、NACTO が電動キックボードや自転車シェアリングの事業者である Bird（バード）や Lime（ライム）と協力、地域の交通問題に共同で取り組んでいく事業を 2018 年 10 月から始めている。電動キックボードや自転車シェアリングの出発地や目的地、空き状況、所要時間、使用状況等、民間事業者が所有する情報を公共部門とシェアすることで、デジタルによる次世

図16　フィラデルフィア都心部の路肩をデジタル化した取り組み (出典：azavea)

代の街路のマネジメントを推進していく狙いがある。

　また、アメリカ・フィラデルフィアでは、これら路肩のデータを標準化する取り組みが進められている。CurbLR と呼ばれる路肩のオープンデータ仕様に沿って、フィラデルフィアの都心部をデータ化した試みだ。約 1.3 平方マイル（約 3.4m^2）のエリア、道路延長は 69 マイル（約 110km）を超える区間のデータをすべて手作業で収集し、それらを CurbLR のフォーマットで変換し、可視化している（図16）。

　さらに、カーブサイド・マネジメントの戦略を立案している地域もある。2020 年 2 月にアメリカ・サンフランシスコから発表された戦略計画「Curb Management Strategy」はその代表例だ。路肩の機能を、①人のアクセス空間、②物のアクセス空間、③パブリックスペースやサービス空間、④自動車のための空間、⑤移動の空間、の五つに分類し、土地利用のタイプごとにそれぞれの空間の優先順位が定められている（図17）。サンフランシスコの路肩の現状は、90％が駐車空間、4％が移動の空間、2％がパブリックスペース、2％が物のアクセス空間で、人のアクセス空間はわずか1％にとどまっているそうだ。今後は多くの沿道で人のアクセスやパブリックスペースを優先していく方針を戦略で打ち出している。

　2010 年以降、サンフランシスコは急速な成長を続けている。人口は 9％増、

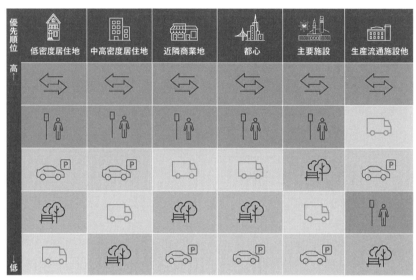

図17 サンフランシスコにおける土地利用タイプごとの路肩利用の優先順位
（出典：SFMTA（2020）Curb Management Strategy に加筆）

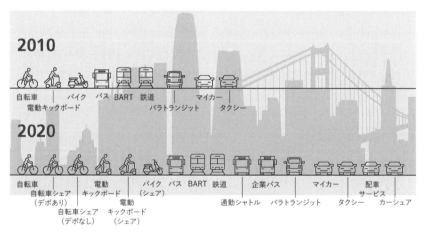

図18 10年で大幅に増加したサンフランシスコの交通手段
（出典：SFMTA（2020）Curb Management Strategy に加筆）

図19　自動運転バスを正着させるための停留所のデザイン（左から、フランス・ルーアン、アメリカ・ユージン、フランス・ナント）

雇用は32%増え、その結果、都心部に流入する自動車交通量は27%増えた。1日あたりの公共交通利用は4万トリップ増、配車サービスは17万トリップを超える。自転車の利用は市全体で6%増だ。そして、自動車の移動速度は23%も低下している。また、モビリティサービスの手段も10年前と比べると大きく増加している（図18）。路肩の運用をマネジメントすることで、これらの課題を改善し、交通安全への対応、公共交通機関の速度向上やトランジットファースト政策を支援し、地球温暖化への貢献、すべての交通手段に対する公平性やアクセス性を向上させること等が戦略計画で目標として掲げられている。

　一方、路線バスなどの商用車の自動運転が普及していくためには、停留所のデザインも重要になる。車椅子やベビーカーなどが段差なく乗降できるユニバーサルなデザイン・機能も一層大切になっていくはずだ。

　先ほど紹介したルーアンのように道路の白線検知の技術を使い、停留所に正着させる技術はその一つの方法だ。GPS等に依存していないことから、衛星や通信の異常などがじた場合でも単独で制御が可能となるメリットがある。ルーアンの停留所にはタイヤが接触しても安全に正着できるようにラバー状のクッションが装着されている（図19左）。

　また、停留所の物理的な構造を工夫することでバスを停留所に正着させる

方法や、ブラジル・クリチバのように運転手がフロントガラスに目印をつけ、路上にマーキングしたラインに合わせる方法もある。これらは半自動運転が導入される前から国内外のさまざまな地域で実施されているものだ。

　たとえば、ドイツ発祥のカッセルカーブプラスという縁石では、バスの車輪を特殊な形状の縁石に摺り合わせることでバスを停留所に正着させる。また、ラバーなどを法面に装着した縁石も用いられている（図19右）。日本では、横浜国立大学が中心となり、ブリジストン等と共同でバリアレス縁石の開発および導入を進めている。

　いずれにおいても、段差なくバスに乗降できるという街路がまずデザインされていて、その先に自動運転技術を導入する社会が構想されている。欧米では、このような最低限の公共インフラに対して積極的に投資し、車椅子やベビーカー利用者、足の悪い人などがまるで電車に乗るように、段差なく乗降できる環境が整えられつつある。

5）移動時間を短縮する賢い交差点の運用

　自動運転が普及しても、A地点からB地点への移動時間が短くなるわけではない。都市部では自動車の走行時間のうち、交差点に停止している時間が2〜3割を占めるという。バスでは、交差点での停止時間に加えて停留所での停止時間も生じる。自動運転が普及したとしても、規制速度の運用によっては、これまでよりも移動時間が長くなることも考えられる。たとえ移動のコストが低減したとしても、目的地までの所要時間は交通手段の選択において重要なファクターであり続けるだろう。

　そんななか、交差点での停止による移動時間のボトルネックを解消するユニークな取り組みがアメリカなどで始まっている。「渋滞ジャンプ」と呼ばれる手法であり、コストをかけず、高度な通信技術を使わず、非常に安価な手法ではあるものの、自動運転社会を見越した運用だと筆者は考えている。

　具体的なしくみはこうだ（図20）。交差点手前のバス停留所部分を1車線分隔切りし、バスはこちらに車線変更して乗降のために停車する。通常なら

赤信号でバス乗降

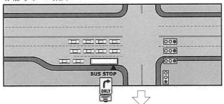

バスのみ青信号で優先発車

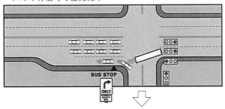

数秒後に一般車が青信号

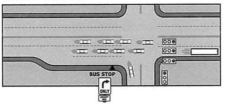

図 20　交差点で特定車両を優先する「渋滞ジャンプ」のしくみ
(出典：Paul Ryus（2016）Effect of Transit Preferential Treatments on Vehicle Travel Time, TRB 95th に加筆)

　次に進行方向のすべての信号が青になり、バスが本線に進入するために遅延
などが生じる。それに対し、渋滞ジャンプでは、まずバスの車線だけが青信
号になり、数秒遅れて本線の車線の信号が青に変わる。そのため、バスは常
に車群の先頭を走行することができるというわけだ。いわゆる先出し信号と
呼ばれる運用だ。これによりバス停留所での乗降時間が信号待ちの時間にも
吸収されるため、信号の待ち時間とバス停留所の停車時間の両方が生じてし
まうことも極力回避できる。最先端の信号技術を用いているわけでもなく、
最先端の路車協調システムを用いているわけでもない、たったこれだけの単
純なしかけだ。
　自動運転バスや自動運転タクシーを政策的に優遇し普及を促進していこう

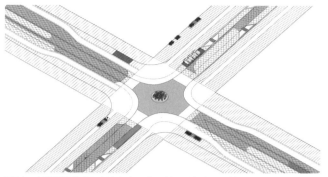

図21　自動運転社会に対応したラウンドアバウトの一例
（出典：NACTO（2019）Blueprint for Autonomous Urbanism, Second Edition）

と考えている自治体においては、現在はバス専用としている優先スペースに
対して、将来は自動運転車両等の進入を許可し、自動運転の普及を支援して
いくことは十分考えられるのではないだろうか。

　また、欧州などで広く普及している「ラウンドアバウト」は、自動運転車
両が走行する上では、通常の交差点形状よりも運行制御の難易度は低くなる
（図21）。もともとラウンドアバウトは、交差点で生じる死亡事故や重傷事
故の対策としてその有効性は世界で広く知られている。日本でも円形交差点
という名称で全国各地で徐々に整備が進められてきているものだ。

　これまで平面交差点を車両が通過する場合、たとえば右折時には、直進車
との交錯、横断歩道の歩行者や自転車との交錯が生じ、左折時には、自転車
やバイクなどとの交錯、横断歩道の歩行者との交錯などが生じる。

　対して、ラウンドアバウトは、交差点内は一方通行として運用するもので
あり、構造上からも交差点内での速度が大幅に低下する。右折する場合に
は、直進車との交錯のリスクがなくなる。また左折の場合にも、自転車やバ
イク等の巻き込みのリスクがなくなる。直進する場合にも、動線上、速度低
下を余儀なくされるため、交差点内の通過速度を低下させないと通過できな
いようになっている。

　ラウンドアバウトのこのような特性は、自動運転が走行する上での技術的な

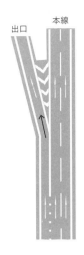

図22　高規格道路でのレーン・ドロップ（左）とレーン・アディション（右）

要件やリスクを軽減できるだけでなく、そもそも重傷事故を軽減するために設計された構造のため、自動化の技術によって事故のリスクをさらに低減させることが期待できる。ラウンドアバウトは原則、信号制御を必要としないことから、災害時や停電時でも運用が続けられ、レジリエント（強靱）な機能も兼ね備えている（大規模なラウンドアバウトでは信号制御をしている国もある）。交通需要が多い路線に適用する場合には、ラウンドアバウトにより渋滞が増加する点が課題であるものの、人口減少時代を本格的に迎える日本では、持続可能な交差点のアップデートも重要な政策になっていくと考えられる。

　さらに世界では、高速道路の自動運転走行が先行して普及していくと言われている。ここで課題になるのが、高速道路への流入や分合流だ。日本では、流入には加速車線があり、本線には「車線を変更」して合流することになる。自動運転の場合には、本線の第1車線を走行している車両（合流前方の車両と合流後方の車両）の速度と加速車線から合流してくる車両の速度のギャップを瞬時に調整するという高度な制御が求められる。本線に合流する際に車線変更が生じるというのが、日本の分合流構造の特徴だ。

　一方、欧州などにおいては、「レーン・ドロップ」「レーン・アディション」

という構造が一般的だ。図22を見れば、その構造が一目で理解いただけるだろう。IC（インターチェンジ）やJCT（ジャンクション）で本線から降車する場合には、一番左の車線を走行しているとそのまま本線から外れられる。これがレーン・ドロップだ。一方、合流する場合にも車線をそのまま走行しているだけで本線に合流する。これがレーン・アディションと呼ばれる。本線部での車線変更が不要という点が特徴であり、日本の構造とは大きく異なる。

　つまり、ICやJCTの前後では本線の車線数は変わらないものの、分合流直近では1車線が減少し、直後には1車線が追加されるという構造だ。勘の良い方は、このような構造が自動運転との相性が非常に良いことがおわかりだろう。先ほど説明した分合流での高度な制御が必要なく、走行車線の前方車両に注力した制御だけで高い安全性が確保できる。レーン・アディションやレーン・ドロップでは、分合流での路車間通信等の高度なしくみを導入する必要もない。

　このようなレーン・アディション、レーン・ドロップは、もともと分合流が多い箇所での安全性の向上を狙いとして設計されたものであり、安全性の向上を目指した新しい技術との相性も良く、相乗効果が期待できると言えるだろう。

4　　　駅前広場の再定義

　MaaSを契機に、また感染症の予防対策の観点からも、チケットレス、キャッシュレスが進んだ世界では、移動や配車の乗り継ぎに関する時間的な抵抗がなくなっていく。残された大きな課題の一つは、乗り継ぎに関する物理的な空間の抵抗だろう。

　オランダでは、MaaS時代を先取りした駅の大改造が進められている。たとえばロッテルダム中央駅は、さまざまなモビリティサービスがコンパクトに集約された次世代の交通ターミナルに生まれ変わっており、注目だ（p.8

図 23　ロッテルダム中央駅の地下駐輪場の入口

上写真）。中央駅の改札には、欧州のさまざまな列車に対応した無人改札が導入されている。QR コード、バーコードにも対応しており、筆者が利用した際にはストレスなく改札を通過できた。改札を出ると巨大な広場空間が目の前に広がっている。駅前広場から左に向くと市内に張り巡らされたトラムの停留所があり、右に向くとバス停留所があり、駅前広場と一体的にデザインされている。駅前広場から少し歩いたところに駐車場が配置されており、駅前広場および周辺交通施設の優先順位が明確に位置づけられていることが実感できる。

　そして、オランダといえば自転車だ。巨大な駅前広場の地下には、5200 台規模の駐輪場が整備されている。地下への入口は駅前広場の一等地にあり、朝夕の通勤ラッシュ時に次々と自転車が地下に吸い込まれていく光景は圧巻だ（図 23）。フローニンゲン（2007 年開業、4150 台）、ハーレム（2010 年開業、5020 台）、ユトレヒト（2014 年開業、4200 台）など、他都市の中央駅に開設されている駐輪場よりも大規模なものである。面積の広い駐輪場内は走行して移動できるように設計されている。また、自転車ラックはすべてセンサーで管理されており、一目で空き状況がわかるように工夫されている。駐輪した時間をセンターでモニタリングし、1 カ月以上駐輪したままだと自転車は撤去されるそうだ。自転車整備場ももちろん併設されているという徹底ぶりだ。

図24　オランダ・アイントフォーフェン中央駅前のコンパクトなバス停留所（左）。停留所の番線
は行き先ごとに固定されておらず、そのつど案内される（右）

　このように、都市間鉄道や近距離鉄道と都市内の他の交通機関との物理的
な接続は今後ますます重要になるだろう。短距離で乗り継げるコンパクトな
空間デザインがあって初めて MaaS の価値も高まっていくことになる。

　また、バスがすべてコネクティッド（インターネットに接続）となり、各
車両が情報でつなげられた世界においては、駅前広場のバスターミナルの概
念が変わっていくかもしれない。オランダ・アイントフォーフェンでは、バ
スターミナルの方面ごとに発着場所（停留所）が固定されていないユニーク
な運用が長年行われている。利用者は、乗車前に番線表示の画面を見て（図
24 右）、自分が乗車するバスの番線を確認し、乗車場近辺で待機して待つ。
そのため、方面別に停留所をすべて確保する必要がなく、停留所数を最小限
にでき、バスターミナルの面積自体を縮小できるというわけだ（図24 左）。

　普段利用するバスターミナルを思い出してみてほしい。常にすべての停留
所にバスが埋まっているわけではなく、時間帯によっては空いている空間も
多い。利用者にとっては、自分が普段利用するバスの乗車場所が常に決まっ
ている方が便利ではある。しかし、たとえば１カ月間にバスを利用する人の
中で毎日バスを利用する人の割合はどの程度だろうか。ライフスタイルの変
化により定期利用の割合が減少し、駅前広場の利用者層も変化していくだろ
う。MaaS が実装された社会では、鉄道の改札を抜けたら次に乗車するバス
の停留所の番線がスマホに案内されることが日常になるかもしれない。

図25　リオデジャネイロ
国内空港出口の Uber ラ
ウンジ

　これだけ ICT が進展した日本においては、今なお駅前広場には乗客を待つタクシー車両がひしめきあっている。駅前の空間は駅前広場として都市計画法で定義されているものの、現実には広場としての空間は限られてしまっている。近年は、ショットガン方式（タクシーの待機列を解消するため、駅前とは別場所に待機場を設ける）などを用いて、駅前広場内でのタクシー台数をコントロールする方法もいくつかの都市で行われているものの、広場空間の拡充などの抜本的な解決には至っていない。

　では、MaaS によって駅から乗り継ぐタクシーの予約・決済をスマホ上で済ますことができる社会が一般的になった場合、駅前広場の機能はどうなっていくだろうか。少なくとも、タクシーが長時間、駅前の一等地に滞留している必要はなくなるだろう。一方、予約した車両を自分で発見し、乗車する必要があるため、これらを円滑に行える新たな乗降空間のデザインが必要になる。駅前広場によっては、キス＆ライド用などの送迎用スペースを確保しているところもあり、このような送迎用空間の重要性が増す可能性が高い。

　また、この場合、必ずしも広場内にタクシーが進入する必要がなくなるかもしれない。ブラジルのリオデジャネイロ国内空港では、空港ターミナルを出て左側に配車サービス（Uber）の専用ラウンジがあり、簡易な待合スペースを併設し、空港敷地内に送迎用の動線が設けられ、円滑に乗り継ぎができるよう工夫されていた（図25）。モビリティ革命の本格的な到来は、人々が

出会い、集うという駅本来の機能を有した交流拠点に回帰できるチャンスでもあると筆者は考えている。

5　高まる結節点の価値

1）次世代のモビリティ・ハブ

　ドイツでは、「自家用車の所有から共有へ」という人々の価値観の変化に対応し、行政の主導により駅の結節点に「モビリティ・ハブ（ドイツ語でMobil.Punkt）」という次世代の交通結節点を計画的に配置していく取り組みが進められている。

　たとえばブレーメン市では、2003年から取り組みに着手し、今では25カ所以上のハブを導入しているそうだ（図26）。市の試算では4200台分のマイカーを抑制できたと報告されている。さらに市では、「mobil.pünktchen」という小規模なハブを整備し始めている。Pünktchenとは小さな点という意味だ。すでに15カ所ほど配置し、2〜3台ほどのカーシェアリングがある小規模なハブを住宅地に展開している。今後1年間に10〜15カ所のペースで配置していくそうだ（2019年だけで12カ所を開設）。Mobil.Punktの会員になればスマホやキヨスク端末などから予約ができ、コールセンターに電話すればオペレーションを介して予約ができるようになっている。

　ブレーメン市では、マルチモーダルな移動を支援していくというよりも、マルチモーダルな移動手段の選択ができるライフスタイルを支援することに主眼を置いている。そのため、モビリティ・ハブは共通の青い標識とロゴで表示するなどブランディングにも熱心だ。地域住民に新しいライフスタイルの理解を促していくアウトリーチ活動も積極的に行い、周辺住民へのPRや地域の利害関係者とのミーティング等も欠かさない。これらの活動が国際的にも評価されて、2014年にはCIVITAS賞（欧州委員会主催）を、2015年

図26　ブレーメン市のモビリティ・ハブの現状と計画
（出典：Antonia Roberts（2018）Reclaiming Street Space and Place Making with Car Clubs-Bremen's Mobli.Punkt Strategy, CoMoUK Conference）

にはSUMP賞（欧州委員会主催）を受賞している。

　一方、世界屈指の公共交通先進都市の一つに数えられるカナダ・バンクーバーでは、無人の新交通が地域の幹線を担い、駅周辺に高密度な開発を促し、路面公共交通が網の目のように張り巡らされている。長年配車サービスを禁止してきたこともあり、カーシェアリングの供給台数は世界でもトップクラスを誇る（図27）。さらに、自転車シェアリングも普及しており、これらカーシェアリングや自転車シェアリングを新交通システムの駅に集約した拠点（モビリティ・ハブ）を都心のフリンジ（縁辺）部や公共交通の利便性の高い路線等に計画的に配置している。

　たとえば、都心から南に10分ほど南下した新交通システムの地下駅（オリンピックビレッジ）を地上に上がると、目の前には自転車シェアリングのデポ、右側には複数の事業者のカーシェアリングの大規模なデポが計画的に

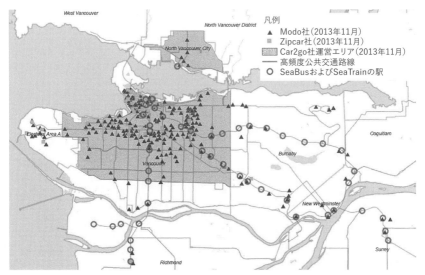

図27　バンクーバーのカーシェアリングマップ（2013年時点）
（出典：Metro Vancouver（2014）The Metro Vancouver Car Share Study Technical Report に加筆）

図28　バンクーバーのオ
リンピックパーク駅に隣
接するモビリティ・ハブ

配置されている。ちなみに、ここは駅名の通り、2010年冬季オリンピック
の選手村があった場所で、現在はフォールス川と一体となった良好な住宅地
として生まれ変わっている。また、目の前の幹線道路にはバス停留所があり、
東西軸を高頻度にサービスするバス路線と接続しており、さまざまな交通手
段を集約した大規模なモビリティ・ハブとなっている（図28）。市内には、

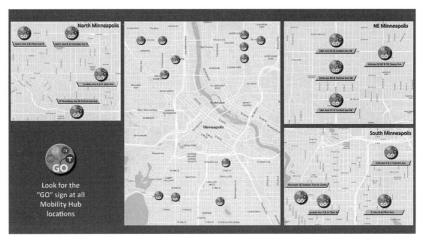

図 29　ミネアポリスのモビリティ・ハブ実証地区 (出典：ミネアポリス市)

他にも小規模なモビリティ・ハブが新交通システムの駅周辺に点在している。

　また、アメリカでは将来ビジョンに「モビリティ・ハブ」を位置づけた取り組みも始まっている。ミネアポリス市の将来ビジョンにおいては、郊外に 12 カ所のモビリティ・ハブを整備する計画が示され、2019 年時点ですでに 4 カ所が開設された（図 29）。低所得者層や交通手段の選択肢が少ない地域に対して、新しい移動手段を知り、交通ギャップを埋め、地域のコミュニティを形成する場としても期待されている。高頻度なバス路線の停留所に自転車シェアリングや電動キックボード等を配置し、プレイスメイキングの手法を用いて、都市圏で共通のロゴがデザインされた看板を配置している。これらは、ブルームバーグ・フィランソロフィーズによる「アメリカ都市気候チャレンジ（American Cities Climate Challenge）」の支援によりデザインされた。

　ミネアポリス市の取り組みは、2050 年までに温室効果ガスを 80%削減するという市の目標を達成するため、単に新しい移動サービスを統合するだけでなく、モビリティ・ハブを通して低炭素社会について学び、地域のコミュニティを形成し、地域に愛着を持ってもらうための機会を創出することも目指しているプロジェクトでもある。

また、セントポール市で計画中のモビリティ・ハブは、電気自動車のカーシェアリングを配備予定であり、地元の電力会社 Xcel Energy（エクセル・エナジー）とコミュニティ・カーシェアリングを運営している Hourcar（アワー・カー）と提携して進められている。

　一方、EU では「e-HUBS」プロジェクトが稼働中で、電動のモビリティサービスを地域に普及していくため、電動カーシェアリング、電動自転車、電動キックボードなどをバス停留所等に集約したモビリティ・ハブの実証が開始されている。アムステルダム（オランダ、p.8 下写真）、ナイメーヘン（オランダ）、マンチェスター（イギリス）、ドルー（フランス）、ケンプテン（ドイツ）、ルーベン（ベルギー）の 6 都市がモデル都市となっている。

　たとえば、ベルギー・ルーベンでは、2019 年から 3 年間で 50 カ所のモビリティ・ハブを導入していく予定であり、大規模なハブが 5 カ所、中規模が 10 カ所、残り 35 カ所が小規模で構成されるそうだ。バスの到着時間をリアルタイムでカウントダウンする表示板が設置され、宅配ボックスや充電設備も併設されており、人へのサービスだけではなくモノのサービスにも対応している。アプリを通してこれらの移動サービスを利用でき、リアルとバーチャルが融合した実証としてデザインされたものだ。

　MaaS はさまざまな移動サービスを統合するほど価値が高まるものであり、中量輸送機関との接続が重要となる。移動サービスの接続をデザインしたモビリティ・ハブの取り組みは、バーチャルなサービスが先行しがちな日本の今後の方策としても参考になる取り組みであろう。

2）変わる鉄軌道駅

　MaaS が普及した世界では、鉄軌道駅の構造が根底から変わるかもしれない。チケットレス、キャッシュレスの社会では、鉄軌道のラッチ（改札）が意味をなさなくなるだろう。欧米では一般的にトラムや鉄道には改札がない。その代わり信用乗車制度により、チケットを保有していない場合には高額な罰金が科せられる。改札がないため、駅の構造は非常にシンプルだ。

対して、日本の場合、改札が1カ所に集中している駅では上りのホームから下りのホームへの移動を余儀なくされる場合が多い。改札から反対側のホームに移動するには、階段を利用して跨線橋を渡ることになる。MaaS が進展したその先に、上りの（下りの）ホームから水平移動のみで直接外に出られるような簡易な駅が日本でも生まれるかもしれない。

　チケットレスやキャッシュレスは、それ自体が目的となりがちだが、移動の物理的な障害を取り払うことができるという大きなメリットがあり、そのために MaaS を推進していくと考えてみてはどうだろうか。たとえば、各地で実証が始まっている顔認証による鉄道やバスの乗降システムも、顔による認証が目的ではなく、スムーズに乗降できたり、簡易に乗り継ぎができる社会をつくっていくためと捉えれば、利用者の個人情報などに対する理解も大きく変わっていくかもしれない。車椅子利用者や足が不自由な人の移動負担も大きく軽減するだろう。鉄道やバスが無人化していく上での技術として注目されているものの、その先のビジョンを市民に訴えていくことが重要だろう。課題先進国の日本が高齢社会と向きあっていく上では、チケットレス、キャッシュレスの技術と合わせて、インフラのアップデートが今後最優先で取り組むべき対策の一つであろう。

　また、駅の構造が変わることで、公共交通網の再編も加速するかもしれない。交通網再編の手法の中で、幹線と支線を分離して公共交通を乗り継ぐことでネットワークを再編する考え方がある。しかし、この考え方はこれまで直通で移動できた人たちに乗り継ぎを余儀なくするものであり、供給サイドは効率化できたとしても、肝心の需要が大幅に減少してしまうリスクがある。

　これが、幹線と支線との乗り継ぎが同一のプラットホームで可能となったらどうだろうか。あるいは、異なる交通手段の乗り継ぎが同一のプラットホームで可能となったらどうだろうか。水平方向に数歩歩けば乗り継げるような簡易な構造が導入できれば、乗り継ぎの物理的・心理的な抵抗が大幅に軽減できる。交通網を再編することで新たな障害を発生させずに済むし、ベビーカーや車椅子の利用者、障害のある人や高齢者など、誰もが安心して移動できるユニバーサルなデザインの交通環境が生まれる。

図30　ナントのラッチ（改札）のない乗り継ぎ拠点。左はトラム、右は路線バス

　図30は、フランスで初めてトラムが導入されたナントの写真である。郊外部ではなく中心市街地の交通が錯綜する拠点での乗り継ぎ風景だ。左が幹線ネットワークを担うトラムであり、トラムを降りた同じホームに違う方面行きの路線バスが接続する。トラムの床の高さと路線バスの床の高さが異なるため、トラムが走行する路面やプラットホームを若干かさ上げして、同一の高さで乗り継げるようにきめ細かな工夫がされている。

　チケットレスやキャッシュレスのその先に、改札という物理的な障害がなくなり、MaaSにより心理的な抵抗も緩和され、バーチャルなサービスとリアルな結節点がお互いに進化していく時代が日本にも近々訪れるのではないだろうか。

4章

アメリカの
MaaS先進都市

1　シアトル：モビリティ革命を体感できる街

1）都市に張り巡らされた多様な移動サービス

　百年に一度のモビリティ革命といっても、実のところピンとこない人が多いのではないだろうか。日本の地方都市では、昔ながらの路面電車が渋滞に巻き込まれながらノロノロと走行し、バスの団子運転や自動車の路上駐車が中心市街地を埋め尽くす。公共交通機関に乗り継げば乗り継ぐほど運賃は割高となり、停留所ではいつバスが来るかもわからない。多くの市民が中心部にマイカーで乗り入れ、駅前には空車のタクシーが列をなす。この30年、この光景はほとんど変わっていない。都市によっては、一層深刻な状況になっている。

図1　シアトル・タコマ国際空港で迎えてくれる、多様なモビリティサービスの案内板

　一方で自動車大国と呼ばれたアメリカでは、モビリティ革命がすでに始まっており、多くの都市で街の姿自体が大きく変貌している。なかでもMicrosoft（マイクロソフト）やBoeing（ボーイング）、Amazon（アマゾン）の本社があるワシントン州の州都シアトルは、多様な移動サービスが都市の動脈と静脈を構成し、お互いの役割を補完しながら成長し続けている。日本の移動サービスと都市とのあり方を考えていく上で参考となる、今最もホットな都市の一つであろう。

　シアトル・タコマ国際空港に降り立つと、空港出口の案内板に多くの日本人は驚かれるのではないだろうか（図1）。交通手段の多さもさることながら、見たことも

図2　地下トンネルを走行するシアトルのライトレール

聞いたこともない交通手段が表記されている。主要地点・ホテルへのシャトルバス、路線バス、タクシーなどは、日本人にもなじみのあるサービスである。それ以外に、乗り合いによるバンプール（シャトル・エクスプレスと呼ばれ、ドライバーに行き先を告げるとそこまで運んでくれるサービス）、ライトレール（アメリカでは LRT と呼ばれ、空港と都心や大学等を直結している鉄軌道の輸送サービス）、Uber や Lyft に代表される配車サービス（案内板には App-Based Rideshare と表記）など、さまざまな交通手段で空港出口は混沌としており、空港に降り立った瞬間からモビリティ革命の一端を垣間見ることができる。

　ダウンタウン（都心部）では、地下に LRT と路線バス（最初はバスのみのトンネルとして 1990 年に開業し、2019 年以降 LRT のみが運行）が走行し（図2）、地上では BRT（バス高速輸送システム）と呼ばれる中量輸送交通機関が都市の動脈となる幹線交通網を担っている。

　さらに、縦横無尽に走行する路線バス（2 階建てバス、連節バス、トロリーバス、スペシャルトランスポート）、ストリートカー（日本の路面電車に相当、2 系統）が地域の足を支え、モノレールが特定地域の移動需要に対応している。また、カーシェアリング、自転車シェアリング（乗り捨て可能なタイプ

で、数社で約1万台規模を供給）、バンプール（都市圏交通を担う METRO（メトロ）が運営する、バンタイプの車両による相乗り送迎サービス）、配車サービス、電動キックボードなどが都市の静脈として機能している。

　都市圏内の公共交通（フェリー含む）はゾーン運賃制となっている。日本人には聞き慣れない言葉かもしれないが、欧米では一般的な運賃制度である。シアトルのゾーン運賃制は、都市圏内のゾーン内でどの交通手段に何度乗り継いでも、2時間以内であれば運賃は割り増しされず、一律である。運賃の収受のしくみも世界最先端で、交通系 IC カード「ORCA（オルカ）」を使うことでキャッシュレスを実現し、モバイルアプリの「TransitGo（トランジット・ゴー）」（キング郡交通局が提供）を使えば、チケットレスかつキャッシュレスに都市圏内のどの公共交通もスマホ一つで利用可能である。キング郡交通局の TransitGo では、スマホの画面にチケットが表示され、不正防止のために背景画像が動画となっている。また、カーシェアリングやバイクシェアリング、配車サービスも、それぞれの運営主体が提供するスマホアプリ一つでキャッシュレスとチケットレスを実現している。

2）オープンデータが可能にする新しい移動サービス

　シアトルでも御多分にもれずオープンデータが進んでおり、市民だけでなくビジネスマンや観光客にも TransitGo は大変便利だ（図3）。

　アプリを立ち上げるとまず、この地域でサービスを提供している交通手段が表示される。地域ごとに提供されている移動手段が異なっていることから、これだけでもとても有益な情報だ。この中から、自分が利用したい交通手段を選択できる。シアトルには先に紹介したように非常に多くの移動サービスが展開していることから、自分が利用するあるいは利用したい交通手段を事前に、また経路検索中に決められるのはありがたい。日本では考えられないかもしれないが、無限の移動パターンが導出されてしまうことを回避できる。

　次に、自分の趣味趣向を入力する画面に遷移する。費用、時間、環境、利便性、エクササイズ等の項目について、どの程度重視するかを入力する。入

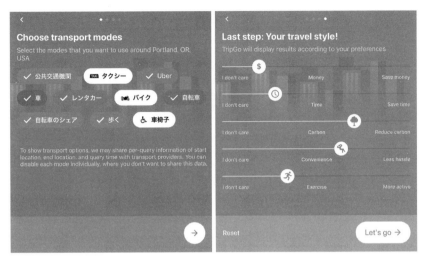

図3　MaaS アプリ「TransitGo」の設定画面

力画面も項目のロゴを移動させるだけのユーザーフレンドリーなインターフェースだ。

　準備が整ったら、自分の行きたい場所を画面から指定するだけで、自分のいる場所からの移動ルートが複数表示される。p.6 上の写真はシアトル都心部から北部のトランジットセンターへの検索結果を示しており、路線バス（62 系統、28 系統）、カーシェアリング、BRT（E ライン）、自転車、Uber等が候補として案内された。皆さんも路線バスに乗る際に、時刻表を確認しても、バス停にいつ来るかがわからず、イライラした経験はないだろうか。TransitGo では、目的地に向かう次のバスが今どこにいるかが地図上に表示されるため、時々刻々と近づいてくる様子がわかり、利用者にとっては安心だ（Google でも地域によってはその後採用された機能だ）。

　また、シアトル都市圏は連邦交通局（FTA）が進めている「Mobility on Demand」（以下、MOD）のモデル事業に選定されており、2019 年からMaaS の実証が行われている。事業費は 270 万ドル（約 3 億円）と大規模なものだ。シアトルで行われている実証は、郊外の住宅地から最寄りの駅まで

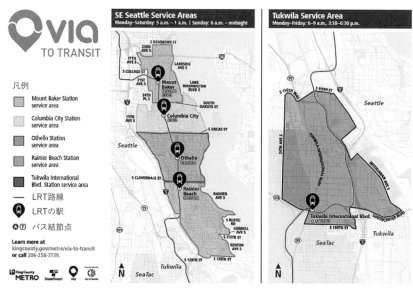

図 4　シアトル都市圏の MOD 実証実験のエリア（出典：King County METRO のデータに加筆）

　はデマンド型の配車サービスを利用し、配車&ライドを推進するプロジェク
トだ（図4）。近年急増する配車需要を抑制し、公共交通の需要を増加（回
復）させることが一つの狙いであり、さらに交通不便地域の移動を支援し、
地域全体の公平性を担保するための実証としても位置づけられており、端末
交通（配車サービス）の費用の一部を国が補助した取り組みである。
　2019年4月からデマンド型の配車サービスの運行をスタート、低所得者
が多く居住し、移動のアクセスに課題がある郊外の2地区を対象に、LRT
の駅およびバス停留所（5カ所）までを市が提携したVia（ヴィア）社が提
供する車両で送迎するものである。サービス名は「Via to Transit」で、
Via社のアプリあるいは電話で配車でき、支払いは交通系ICカードでも可
能となっている。車椅子が乗車できる車両も配備されている。運賃はバスと
同額とし、差額を政府の補助で補填するしくみだ。コロナ禍でサービスが中
止する前までは、1週間あたり8000人を超える利用者があったそうだ（2020
年6月からサービスを再開している）。

3）バス革命の最先端都市

　世界各地で今、バス革命が起きている。ここシアトルはその最先端の都市と言っても過言ではない。古くから大気汚染等の環境問題に配慮し、地形的な制約もあり、電気駆動によるトロリーバスを多く採用している。さらに最近では、2階建てバス、連節バスなど輸送力の向上を積極的に進めている。

　また、基幹的な交通網を形成するため、都心から放射方向に6系統のBRTが現在導入されている（図5）。シアトルのBRT（現地では、Rapid Ride（ラピッドライド）と呼ばれている）の特徴は、市民にわかりやすいネットワーク構成、街路の一部をバス専用レーンに再編、車両や停留所のデザインの刷新、系統番号の見直し（普通の路線バスは数字表記であるのに対して、BRTはローマ字と赤丸表記で差別化し、A〜Fの番号を付与）、優先信号の導入などの総合的な施策として取り組まれている点である。BRTの導入により、マイカーに負けない移動時間の短縮と時間の信頼性、移動の快適性が確保されている。これらがたったこの10年での出来事である点は注目に値するであろう。

　シアトル訪問時にBRTのE系統に乗車する機会を得た。都心から北部の

図5　シアトル市民の足となっているBRT（ラピッドライド）。リフト付きの連節バスは全扉乗降可能で、車両前方には自転車を搭載できる

図6　リフト付きの連節バスに乗車する車椅子の利用者

終点までの約25kmの区間が全線バス専用レーンとして運用されており、ほとんどの信号交差点で止まることがなかった。車両の接近を前方の信号交差点が検知すると、前方信号の青時間を延長し、赤信号の際には前方信号の赤時間を短縮するといった信号優先制御が働いていた。これだけ大がかりなバス優先信号は世界的にも稀であろう。また、都心部などの主要なバス停留所の時刻表は、停留所と一体となった電子時刻表となっており、系統番号、方面、カウントダウン（何分後に到着するかを数字で表示）が視覚的にわかりやすく表示されている。

　また印象的だったのは、車椅子の利用者が運転手の補助なく、普通にバスに乗降していたことである。運転手がボタンでスロープを出すことで、車椅子の利用者が自走で乗降する（図6）。日本のように運転手がいったん車両を降りてスロープを手で出し、乗降後には車椅子の利用者を車両内に固定することなく、停車時間も短時間であった。

　さらには、車両前方の自転車専用ラックに自転車を搭載することも当たり前に行われていた（図5）。利用者はものの数秒でラックに自転車を積み、速やかにバスに乗車していく。バスと自転車が競合関係ではなく、それぞれのメリットがうまく融合しており、自転車のバス乗降を認めることで、結果としてバスの利用者は増えているのではないかと感じた。

4）公共交通への積極投資による交通行動の変化

　2017年にCommute Seattle（行政、交通事業者、民間等による非営利団体）が都心部の通勤交通に関する調査レポートを発表し、全米のみならず世界で大きな話題となったことは記憶に新しい。2010年から2017年のこの7年間で1人乗りのマイカー通勤の割合が35.2％から25.4％へと10％も大幅に減少し、また都心部の従業者数が20.2万から26.2万人と3割も増加した（図7）。これだけ短期間でマイカー通勤の割合が減少した都市は、先進国では稀だろう。2017年の都心部への通勤時間帯の利用交通手段の構成を見ると、マイカー以外の利用が75％を占め、LRTやバス等の公共交通が48％、カープールやバンプールなどを含むライドシェアが10％、自転車が3％となっている（図8）。シアトルの通勤交通は、マイカーから公共交通やライドシェア、自転車に転換したと言ってよいだろう。

　この間に実現された南北幹線軸へのLRTの新設、BRTの積極的な導入（2020年7月時点で6系統が運行）、ストリートカーの新設（2系統、図9）などは、次世代のさまざまな公共交通機関に対する先行投資が功を奏した結果であると筆者は捉えている。こうした積極的な交通投資の実現には、次のような背景がある。

　2014年11月の市民投票により、売り上げ税（0.1％増）と自動車登録税

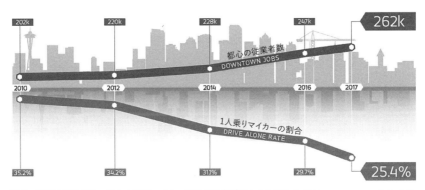

図7　7年間で都心部への1人乗りマイカー通勤が1割減少したシアトル（出典：Commute Seattleのデータに加筆）

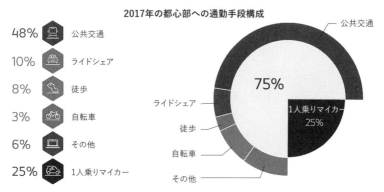

2017年の都心部への通勤手段構成

48% 公共交通
10% ライドシェア
8% 徒歩
3% 自転車
6% その他
25% 1人乗りマイカー

公共交通
75%
ライドシェア
徒歩
自転車
その他
1人乗りマイカー 25%

図8　モビリティ革命により多様な手段で都心来訪を実現したシアトル（通勤時間帯の都心来訪手段の構成、2017 年）（出典：Commute Seattle のデータに加筆）

図9　シアトル市民の生活の足となっているストリートカー

（60 ドル増）等を増税し、税収分を公共交通投資に充当することが 62.4% という高い支持を得て可決された（Seattle Transportation Benefit District Proposition 1（以下、STBD））。その増収分は、年間 5000 万ドル（約 55 億円）の規模であった（2014 ～ 2020 年までの期限付き）。

　STBD の目玉事業の一つが、「10 分ネットワーク構想」だ。バス停や LRT の駅までのアクセス時間を改善するだけではなく、運行頻度が 10 分間

Percent of Households within a 10-minute Walk of 10-minute Service 2015 - 2019

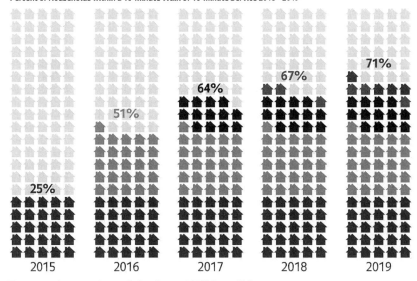

図 10　シアトルにおける 10 分ネットワーク圏域人口の推移 (出典：シアトル DOT)

隔の路線に対して 10 分以内にアクセスできる圏域人口の向上を行動目標に
掲げたものだ。日本の多くの自治体で採用されているような公共交通のアク
セス圏域人口とは大きく異なり、2025 年までに 72％の達成を目標としてお
り、驚くことに 2020 年には達成する見通しだそうだ（図 10）。2015 年には
わずか 25％の人口しかカバーされていなかったことからも、路線の拡充、
運行頻度の向上がかなりのスピードで実施されてきたことがわかるだろう。

　積極的な公共交通への投資は市民の行動変容にまで影響を与えており、シ
アトル都心部への公共交通の手段分担率は確実に向上している。2000 年に
29％だった公共交通利用は、2017 年に 48％までアップした（図 11）。2035
年の市のビジョンでは、公共交通利用を 50％、1 人乗りマイカーを 19％に
することを掲げており、公共交通の利用率は目標に近づきつつある。明確な
目標と積極的な投資を行うことで、人々の交通行動は確実に変化することを
実証した形だ。

　アメリカの専門家の間では、シェアリングと自動運転が融合した「SAV

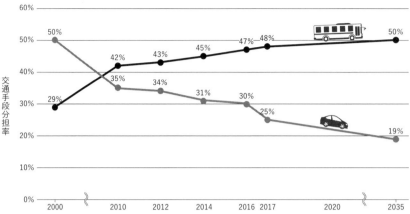

図11　シアトル都心部における公共交通と1人乗りマイカーの手段分担率の推移と目標
(出典：City of Seattle（2018）Seattle Transportation Benefit District Year 3 Performance Report をもとに作成)

（Shared Autonomous Vehicles）」が将来の移動サービスの本命として有望視されている。SAV の車両やサービスが技術革新したとしても、専用の空間に見知らぬ人同士が乗り合うという習慣、公共的な交通サービスを利用する習慣というものは、一朝一夕には実現しない。有人運転でもバスを利用しない人が無人運転になることでバスを利用するようになるとは到底思えない。また、SAV がどれだけ高機能化したとしても、自転車や一般車両や人との接触の機会、リスクを最小限にするインフラ側の協力が必要不可欠ではないだろうか。

　その意味では、シアトルはこの10年間、路線バス等の特定車両のみが走行できる専用レーンを街中に拡充してきた（p.6下写真）。街路空間の再編には地域や沿道施設、ドライバーなどの理解が必要不可欠であり、シアトル市は非常に時間を要する取り組みを着実に進めてきた。これら特定車両の専用空間の確保を先行的に進めてきた努力があって初めて、将来普及するであろう SAV の車両に優先権を与えることが可能となり、安全安心な自動運転社会が幕を開ける。

　また、シアトル市では、短時間駐車は路上駐車、長時間駐車は路外駐車という政策を長年採用している。補助幹線的な街路では歩道の一部を切り込

み、沿道の特性に合わせて、30 分、1 時間、2 時間等、短時間用の有料駐車場を提供している。将来普及するであろう SAV はオンデマンドで車両を呼びだすことになるであろう。その際、車両が待機する短時間の停車空間が非常に重要となることは言うまでもない。

　このように近々到来するであろう本格的なモビリティ革命に先行し、人々に新たな移動の機会を与え、柔軟に対応できるインフラの整備を戦略的に進めている都市がシアトルである。

2　　ロサンゼルス：奏功するデジタル時代向け交通戦略

1）自動車大国は今や昔

　2018 年、十数年ぶりに訪問したロサンゼルスは、別の街に生まれ変わっていた。これは決して大げさな話ではない。ダウンタウンは多くの人で賑わい、デザインされたバスが次々とやってくる。配車サービスの Uber や Lyft、バイクシェアリングが街中にあふれている。1980 年代には公共交通やカープールレーン（相乗り車が優先利用できる専用レーン）などほとんどなかったロサンゼルスは今、新たな移動サービスと MaaS によって誰もがどこへでも安心して移動できる街に変貌を遂げつつある。

　ロサンゼルスは、新たな移動サービスへの戦略的な投資が、今まさに花開いた都市の一つではないだろうか。高速道路や街路網への投資はほぼ終え、一方で慢性的な交通渋滞は全米でもトップレベルの状態が今なお続いている。三方を山で囲まれた地形条件のため、大気汚染などの環境問題も相変わらず深刻である。このような交通問題への対処として、1990 年以降、本格的に大量輸送機関への投資を進めており、パラダイムシフトが起こっている。地下鉄だけでなく、LRT、BRT など現在 8 系統が運行しており、ダウンタウンから放射方向の骨格が整いつつある（図 12）。

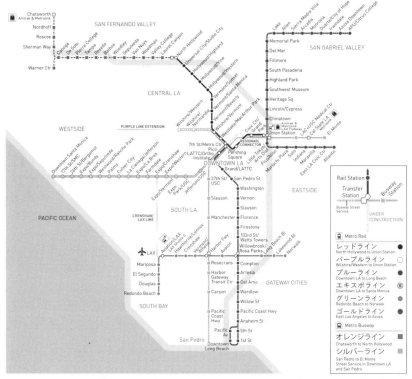

図 12　ロサンゼルスの幹線公共交通網。地下鉄と LRT、BRT が一体で表現されている点も特徴的
（出典：LA METRO のデータに加筆）

図 13　ロサンゼルスの地下鉄は 6 系統まで拡大、交通系 IC カード Tap で乗車

今やロサンゼルスは、著名な観光地まで公共交通で行ける都市へと生まれ変わっており、ハリウッド、サンタモニカ、ロングビーチ等には地下鉄で行くことができる（図13）。隣のアナハイムにあるディズニーランド、大谷翔平が所属するロサンゼルス・エンゼルスのスタジアムまでは、アムトラックの2階建て通勤鉄道で行くこともできる。野球のナイトゲームでは、これまで帰りの足の心配があり、移動には抵抗があった人も多かったのではないだろうか。通勤鉄道では試合終了に合わせて上下方面に最終便を運行しており、これなら観光客や自動車を保有していない人たちも安心だ。球場周辺にはUber等の配車サービスも多数あり、車両の様子をリアルタイムで確認できるのも心強い。

2) デジタル時代に対応した交通ビジョン

　2016年、ロサンゼルス市では、「デジタル時代に対応した都市交通のビジョン（Urban Mobility in a Digital Age）」を発表した。さらに2018年には、このビジョンやNACTO（全米都市交通担当官協会）から発表された自動運転社会に向けたブループリントを踏まえ、「交通戦略計画（Strategic Implementation Plan）」を公表している（p.3写真）。ミレニアル世代に代表されるように、生まれながらにしてスマホと一緒に成長してきた世代の価値観は大きく変化しており、また、新しい移動サービスが急成長しているなかで、市自らがプラットフォーマーになり、デジタリゼーションを進め、移動分野にイノベーションを起こしていくと宣言した画期的な内容だ。

　この交通戦略では、データ、移動（モビリティ）、インフラをサービスとして（as a Service）提供していく考え方が示され、移動のデジタル化を進め、技術とデザインに力点を置き、より快適な交通の移動体験を創出していくことが謳われている。これまでの交通手段に加えて、新しい移動手段を融合しながら、さまざまな移動サービスから収集されるビッグデータを用いて、行政サービスや移動サービスの改善を促しつつ、今後確実に訪れる自動運転社会への備えをしていく内容となっている（図14）。

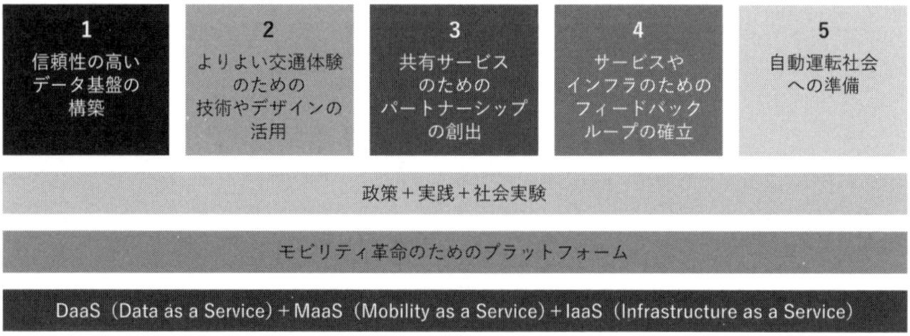

1	2	3	4	5
信頼性の高いデータ基盤の構築	よりよい交通体験のための技術やデザインの活用	共有サービスのためのパートナーシップの創出	サービスやインフラのためのフィードバックループの確立	自動運転社会への準備

政策＋実践＋社会実験

モビリティ革命のためのプラットフォーム

DaaS（Data as a Service）＋MaaS（Mobility as a Service）＋IaaS（Infrastructure as a Service）

図 14　ロサンゼルス市の「デジタル時代の交通戦略 2018」の骨子
（出典：Los Angeles Department of Transportation（2018）Strategic Implementation Plan をもとに作成）

3）MaaS が目指すデジタル時代への布石

　ロサンゼルスのデジタル時代への交通戦略の柱の一つが、MaaS である。まず、ロサンゼルス市が取り組んだのが Xerox（ゼロックス）と共同開発した「GoLA（ゴーエルエー）」というマルチモーダルの移動支援サービスだ（2016 年 4 月から開始。ただし、2019 年頃に休止し、その後 2020 年春から Transit（トランジット）社のサービスを公式アプリとしている）。市内の公共交通だけでなく、自転車シェアリングやカーシェアリング、配車サービスなどを包含したマルチモーダルなルート検索サービスで、一部の手段はこのアプリを通して予約や決済までできるというものだ。

　アプリを立ち上げると、自分が利用したい交通サービスを最初に指定する画面が現れる（図 15）。公共交通は 26 社から選択でき、タクシーや空港シャトルバス（FlitWays）、配車サービス（Lyft）、カーシェアリング（Zipcar）、バイクや自転車、自転車シェアリングなど、さまざまな交通手段が指定できる。また、個人の車両の好み（電気自動車、SUV など）、徒歩や乗り継ぎの限界と感じる時間まで細かく指定できる。画面は、ユーザーフレンドリーな使い勝手のよい UI（ユーザー・インターフェース）に仕上がっている。

　自分がいる場所から目的地までを指定すると、時間順（Sooner）、費用順（Cheaper）、エコ順（Greener）から複数のルートが案内される。図 15 は

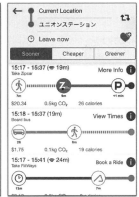

図 15　ロサンゼルス市が最初に開発した MaaS アプリ「GoLA」のインターフェース

　ダウンタウンからユニオン駅までのルート検索結果であり、日本人には見慣れないロゴマークが多い。配車サービスの Lyft が最上位に表示され、このアプリから予約や決済ができる。今予約すれば 7 分後には配車され、一番早く目的地に到着し、料金は 3 ドルである旨が案内表示されている。2 番目は地下鉄レッドライン、3 番目は自転車シェアリングで、アプリを通して予約ができる。4 番目はカーシェアリングで、目的地付近の駐車場まで案内されるきめ細かさである。

　この MaaS アプリがあれば、広大なロサンゼルス市内でのビジネスや観光、日常の外出に、いつでも、どこへでも不安なく移動できる。現地で利用してみると、マイカーの魅力であるドア・トゥ・ドアの利便性に負けないサービスであったし、何よりもその日の TPO に合わせて自分好みの交通手段が自由自在に選べるというのは、「すべての交通サービスが自分のポケットの中にある」という、今までに感じたことのない異次元の感覚であった。これまでロサンゼルスの出張ではレンタカーは欠かせず、10 年前には地図を片手に慣れない場所での移動に四苦八苦し、近場の移動ではタクシー利用が主であったものが、ほんの数年で一変した。日本では時に、モビリティ革命は実は起こっていないのではないかという声を耳にすることがあるが、これをモビリティ革命と言わずに何と言うのだろうか。

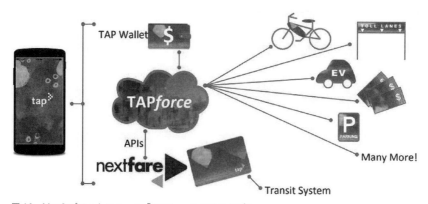

図16　MaaSプラットフォーム「TAPforce」のコンセプト（出典：Cubic Trasportaion Systems）

　また、ロサンゼルスもシアトル同様に交通系ICカードの普及を推進している。決済のプラットフォームとしての機能を有する、「Tap（タップ）」と呼ばれるカードがそれだ。従来は地下鉄やバスのみの利用であったものを、近年は市交通局（METRO、メトロ）が提供している自転車シェアリングでも利用でき、後述する配車サービスとも連携した。さらに電動キックボード、電気自動車のカーシェアリングなどとの連携も進めており、1枚のカードで市内の多様な移動手段が利用できるもので、「Tapforce（タップフォース）」と呼ばれている（図16）。クレジットカードやデビットカード、オンライン決済サービスのPayPal（ペイパル）、現金顧客向けのPayNearMe（ペイニアミー）など、各種の支払い方法に対応している。高齢者、障害者、学生、低所得者向けなどの運賃割引も反映されており、2019年8月からはウェアラブルなリストバンドの提供も始まった。

　シアトルと同様、ロサンゼルスもアメリカ政府が進めるMODに選定されており、配車サービスの支払いにTapカードが利用可能だ。郊外の住宅地から最寄りの駅（あるいはバス停）まではデマンド型の配車サービスを利用した配車＆ライドを推進するプロジェクトであり、端末交通の費用の一部を国が補助する。ロサンゼルスで9カ月間にわたり実施されたMODの実証実験結果は多くの示唆を与えてくれるので、簡単に紹介しておこう。

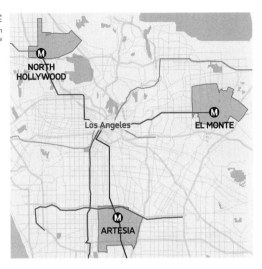

図 17　ロサンゼルスの MOD 実証実験地区（出典：Marie Sullivan（2019）Mobility on Demand hits 45,000 rides; will comply with new California law）

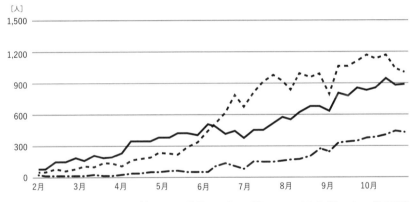

［人］

1,500

1,200

900

600

300

0

2月　　3月　　4月　　5月　　6月　　7月　　8月　　9月　　10月

―― North Hollywood エリアの乗客　・・・・・ El Monte エリアの乗客　―・―・ Artesia / Compton エリアの乗客

図 18　ロサンゼルスでの MOD 実証実験地区ごとの週あたり利用者数の推移（2019 年）
（出典：Marie Sullivan（2019）Mobility on Demand hits 45,000 rides; will comply with new California law をもとに作成）

　2019 年 1 月から開始された実証実験では、METRO と配車サービスの Via 社が提携し、Tap カード利用者は最寄りの駅（あるいはバス停）まで 1.75 ドル（約 190 円）で利用できた（Tap カードを使用しない場合は 3.75 ドル（約 410 円）、低所得者プログラム LIFE 登録者は無料）。3 地区で実施

され（図 17）、Via のアプリか電話で配車を依頼する（通常 10 分前後で配車されている）。図 18 は、全地区の週あたりの利用者の推移を示したものであり、開始後から緩やかに利用者が増え続けている。この結果は、新しい移動サービスを統合した移動の仕方やスマホを通した新しいサービスの理解には、一定程度の時間が必要であることを示唆している。

　MOD の実証実験による配車サービスは、パンデミック下の 2020 年 3 月 25 日から、食料品店、薬局、医療センター、駅などにアクセスする必要がある住民に対しても対象地区を越えた移動を支援しており、無料でサービスを続けていたそうだ。

4）自動車大国から転換したロサンゼルスから学べること

　これだけ大規模に新たな移動サービスへの投資を進めてきたロサンゼルスの意義は何だろうか。現地を歩いてみると、免許を持てない人、移動に困難のある人、高齢者、外国人に対して、誰もが同じように移動できるようにするというユニバーサル・デザインの発想が根底にあるのではないかと感じた。また、自動車を所有できない人、所有に魅力を感じない人、デジタルネイティブ世代と呼ばれる新たな世代に対して移動機会を与えていこうとするチャレンジングな試みを積極的に奨励する価値観が社会に根づいているようにも感じた。MaaS や新たな移動サービスへの先行投資は、短期的な収益や移動時間の短縮といった直接的な効果だけでは測りえないものであり、都市再生や交通まちづくりといった長期的な視点からの意義が根底にあり、まずはやってみようというアジャイル（機敏な）開発の思想で進められていると感じた。

　加えて、自動運転社会が到来したとしても、すでにロサンゼルスの道路の処理能力は限界に達しており、さらなるマイカー需要の増加を許容できる容量はない。それゆえ、古くから都市の成長管理を進めてきた市が将来進むべき道は自ずと明らかであり、待ったなしの対応が求められているとも言える。実際、2009 年に策定されたロサンゼルス交通省（DOT）の長期交通計画においても、自動車利用だけに依存しないマルチモーダルな移動サービス

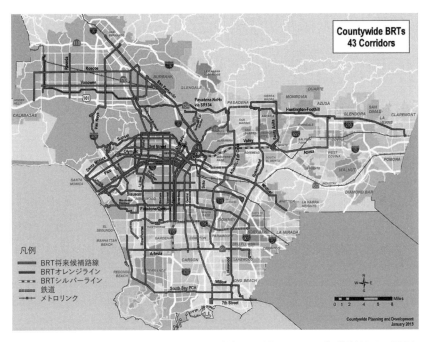

図19 2009年の長期交通計画で提案されたBRT路線。46系統ものBRTが候補路線として提案された（出典：LA DOTのデータに加筆）

への投資計画が示され、都市内への地下鉄やBRTの計画が目白押しとなっている（図19）。

　すでに開業しているBRTの路線を個別に見てみると、南北軸をサービスするシルバーラインは高速道路の中央部分を一般車と分離したHOVレーン（相乗り専用レーン）を走行、北西部のオレンジラインは専用道を走行（図20）、西部のウィルシャーラインは片側1車線の専用レーンを走行している。他にも、相乗り専用レーンが数多く整備されつつある。これら特定の車種や車両の専用空間は、今後の自動運転車両の走行空間として有効に機能する可能性があり、モビリティ革命を牽引していく重要な先行投資が行われている。

　自動車しか選択できない社会から、多様な移動サービスが選択できる社会

図20　ロサンゼルスの BRT のオレンジラインは専用道を走行。最先端の技術が採用され、一部の区間では優先信号によりバスは交差点で停止しない

に大きく方向転換し、多様な移動サービスを介してデジタル革命がまさに起きている。これこそが第四次産業革命であり、日本政府が提唱している「Society5.0」が次々と移動サービスの分野から生まれているアメリカは、今や移動サービス大国と言っても過言ではないだろう。

3　　コロンバス：MaaS で地域の課題を解決するスマートシティ

1）スマートシティ・チャレンジ優勝都市

　スマートシティという言葉を聞くと、エネルギーや環境に配慮した都市開発を思い浮かべる人が多いのではないだろうか。アメリカでは、モビリティ革命の本丸は都市への実装と位置づけ、政府、民間、大学が一丸となって、地域が抱える都市および交通問題に取り組んでいる。生活の質の改善、通勤

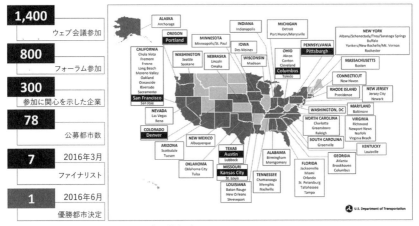

2015年12月　キックオフ

1,400	ウェブ会議参加
800	フォーラム参加
300	参加に関心を示した企業
78	公募都市数
7	2016年3月 ファイナリスト
1	2016年6月 優勝都市決定

図 21　スマートシティ・チャレンジの選考プロセス（出典：USDOT, SMART CITY CHALLNGE のデータに加筆）

の利便性、都市の持続可能性の向上に向けて ICT 技術などを活用する都市
をスマートシティと位置づけている。

　2015 年 9 月 14 日、オバマ元大統領が 2 年間で総額 2 億 4000 万ドル（約
260 億円）をかけた「スマートシティ・イニシアチブ」を発表し、同年 12
月には、アメリカの連邦交通省（DOT）が「スマートシティ・チャレンジ
（Smart City Challenge）」と呼ばれる、交通・運輸分野における新技術の
応用アイデアを都市間で競うコンペを実施した（優勝賞金は 40 万ドル（約
44 億円）、図 21）。

　78 都市から応募があり、2016 年 3 月に 7 都市をファイナリストとして発
表（ちなみに発表会場は SXSW という粋な計らい）、同年 6 月にはオハイ
オ州コロンバス市が優勝都市として選定された（図 22）。この間わずか半年
間のスピードで争われた、国を挙げての一大イベントであった。

　注目すべきは、都市問題、交通問題を解決するために最先端の技術を活用
していく「課題解決、ニーズ志向」のアプローチを採用し、コネクティッド
（インターネットに接続）、自動運転、シェア＆サービス、電動化、IoT、
MaaS などの最先端の技術を都市に結集することを目指している点である。

図22 スマートシティ・チャレンジの優勝都市コロンバス市。左からバーバラ・ベネット Vulcan 社社長、アンソニー・フォックス運輸長官、アンドリュー・ギンサー市長
（出典：コロンバス市）

▼優勝者に 1000 万ドル
（約 10 億円）の支援

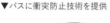
▼バスに衝突防止技術を提供

▼3D 設計システムを提供

▼車間通信用無線システムを
提供

▼クラウドサービスを提供

▼都市観測路側端末を支援
（100 基）

図23 スマートシティ・チャレンジに協力を表明した企業
（出典：牧村和彦（2018）「モビリティ革命の最前線」未来投資会議構造改革徹底推進会合、2018 年 4 月 17 日）

それに呼応するように、さまざまな民間企業が資金援助や無償の技術提供などで支援を表明して進められた（図23）。

2）地域の課題解決のための MaaS

　ここで、スマートシティ・チャレンジで優勝したコロンバス市の提案内容を見てみよう。人口 80 万人を擁するコロンバス市では、2020 年までに乳児死亡

率を 40% 低下させ、健康の格差を半減させるために、「交通システムの改善による低所得者向け医療・福祉サービスの充実」と「経済格差の改善」を目標に掲げている。通称「スマート・コロンバス」は、民間投資を含めて総額 1 億 4000 万ドル（約 154 億円）を投資する事業である。コロンバスでは、出生 1 年以内に死亡する乳幼児の数は毎年 150 人にのぼる。なかでもアフリカ系の乳幼児の死亡率が白人の 2 倍となっており、低所得地域に集中している。

低所得者向け医療・福祉サービスを充実させるための具体的な政策としては、地域の交通情報を統合したセンターを設置し、妊婦の診察日の変更等に対応できるよう病院の予約サービスと交通サービスを一元化する。住民や来訪者に対して、こうした移動手段の計画、予約から支払いまでを一括で行う MaaS の開発が提案され、障害者用アプリも用意することなども盛り込まれている。

一方、経済的な格差を改善する方策としては、住宅地と商業施設、従業地を結ぶ基幹的な交通システムである BRT を導入し、端末交通を自動運転の電気自動車で結ぶ幹線と支線が一体となった交通サービスが提案されている。

こうした政策を実装する地域を「スマートコリドー」と位置づけ、スマートな信号、スマートな街灯、来訪者への情報提供や支払いができる路側情報端末、無料 Wi-Fi スポット等を整備する。移動困難な人々が安全安心に外出できる環境を、最先端の交通サービスで実現する提案である。

スマートシティの中核をなすのが、オペレーションシステム（SCOS）である（図 24）。最新の概要が 2020 年 7 月 25 日に公表されており、そのポイントを簡単に紹介しよう。

オペレーションシステムは、オープンソースのプラットフォームで構築されており、大きく三つのテーマを取り扱っている。図 24 の一番左が「技術の支援」で、実用化に近い技術を導入して成長を促すものであり、自動運転環境が位置づけられている。すでにコロンバスでは、2018 年 12 月から 2019 年 9 月末までの 9 カ月間、中心市街地で May Mobility（メイモビリティ）社の自動運転バスの実証を行っている（図 25）。1.6 万人が利用し、延べ走行距離は 3 万 km に及ぶ。さらに、9 カ月間の経験を踏まえて、郊外の住宅地（南リンデン地区）への実証を 2020 年 2 月から開始した。EasyMile

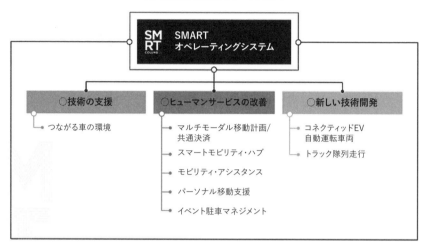

図 24　コロンバス市のスマートシティ計画のオペレーションシステム（出典：SMRT のデータに加筆）

図 25　コロンバスのダウンタウンを 9 カ月間走行した自動運転バス（出典：SMRT）

（イージーマイル）社の自動運転バス2台が、約2.9マイル（約4.6km）の区間を12分間隔で、午前6時から午後8時まで運行している。なお、コロナ禍においては、運行区間の終点にあたるコミュニティ地区（セントステファンズコミュニティハウス）への食糧支援として自動運転バスが利用されている。

また、電気自動車の普及支援にも取り組んでおり、2017年4月から2020年2月の約3年弱で3300台の車両が導入されている。これらの電気自動車は公共交通機関や緊急車両、物流などのコネクティッドサービスを支えている。

オペレーションシステムの第二のテーマが図24の中央にある「ヒューマンサービスの改善」で、マルチモーダルな移動計画や共通決済システム、スマートモビリティ・ハブの実装、認知障害者や妊婦向けの移動支援、イベント時の駐車マネジメントが位置づけられている。

コロンバス市交通局（COTA）では、2018年1月からCMAXと呼ばれるBRTが開業しており、ピーク時には10分間隔、オフピークや週末には15分間隔で中心部への移動をサービスしている。認知障害者がこれらBRTを利用できるようなアプリケーションの開発も計画されている。マルチモーダルな移動計画の導入も進められ、MaaSの事業も進行中で（図26）、マルチモーダルな移動を支援する「MMTPA（Multi-Modal Trip Planning Application）」を開発中である（2019年2月にはベータ版を開発済）。そこでは、BRTや路線バス、カーシェアリング、自転車シェアリング、タクシーや配車サービスを一つに統合し、さまざまな移動サービスのセキュリティを確保するために、ブロックチェーン技術が援用されているそうだ。

スマートモビリティ・ハブは、コロンバスステート・コミュニティカレッジ、リンデン・トランジットセンター、セントステファンズ・コミュニティハウス、コロンバス・メトロポリタン図書館のリンデンブランチ、交通局のノーザンライツ・パークアンドライド、イーストン・トランジットセンター等で開業している。これらの交通結節点や地域のコミュニティ施設には、電動の自転車シェアリング、電動キックボード、カーシェアリング、充電施設等が併設され、キオスク端末や無料のWi-Fiなども設置されており、地元

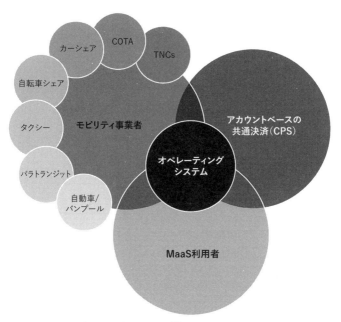

図 26　コロンバス市の MaaS のコンセプト （出典：SMRT のデータに加筆）

の IKE 社がこれら情報端末などを整備している。ちなみに、電動の自転車シェアリングサービスは配車サービスの Lyft が提供する「CoGO Bike（コゴ・バイク）」であり、Lyft のアプリから利用ができる。

　オペレーションシステムの第三のテーマが図 24 の一番右にある「新しい技術開発」で、自動運転電気自動車とトラックの隊列走行が位置づけられている。図 27 は BRT の終点に設置されるトランジットセンターのイメージであり、BRT と自動運転車両を連携していく計画である。

　これらスマートシティのオペレーションシステムでは、交通を中心に1200 を超えるデータセットが公開されている。交通、駐車、事故、環境、エネルギー、公衆衛生関連などのデータが集約され、データの検索、ダウンロード、可視化等、データサイエンティストや研究者向けのデータ活用を支援している点でも興味深い取り組みである。

　コロンバスには、若者、高齢者、障害のある人たち、新たにアメリカ人に

図27　コロンバス市が提案する幹線と支線をつなぐトランジットセンター（出典：スマートコロンバス）

　なった人たちに対して最適な移動を提供するというユニバーサル・デザイン
の発想が根底にあり、中規模のモデル都市として全米で注目を集めている。
自動化、電動化、ITS、BRT 等の個別要素技術を統合し、まちづくりと交
通計画が一体となった取り組みがなされている点も見逃せない。市ではすで
に 102 の官民パートナーシッププログラムが動いており、25 億 8 千万ドル
（約 2840 億円）の民間投資が行われているそうだ。官民双方のリーダーシッ
プとパートナーシップにより進められ、一過性の社会実験とならないように
持続可能性を担保する非営利団体も創設されている。アメリカのモビリティ
革命が目指すその先は、交通まちづくりそのものではないだろうか。MaaS
はその潤滑油であり、スマートシティを牽引していく重要な交通サービスと
して期待されている。

5章

欧州のMaaS先進都市

1　パリ：デジタルとフィジカルの両輪で人間中心の街に再編

1) フランスのモビリティ指針法

　皆さんは、フランスで 2019 年 11 月に「モビリティ指針法（LOM：loi d'orientation des mobilités)」が可決したことをご存じだろうか。モビリティ指針法では、今後 5 年間で 134 億ユーロ（約 1 兆 6000 億円）という大規模な予算を投資し、地球温暖化への対応、新しい交通産業の育成、競争力の確保の観点から、国を挙げて地域の交通サービスを向上するため、既存の公共交通機関に加えて新しい移動サービスのオープンデータを義務化し、MaaS の全国展開を推進していく内容が盛り込まれている。

　すでにフランスでは、駅と駅を結ぶ伝統的な鉄道事業からドア・トゥ・ドアの移動サービスへの移行が加速しており、フランス国鉄（SNCF）では 2019 年秋から鉄道と配車サービス（Uber および BlaBlaCar）を一括で予約決済できるサービスを開始し、2020 年 10 月には自動車シェアリングや電動キックボードも対象に他モードとの連携を進めている。今後、都市間の自動運転サービスが登場する可能性も高く、既存路線との競合が予想される鉄道事業者の危機意識は高い。モビリティ指針法は、これらのサービスを加速していくことになるだろう。

　モビリティ指針法は、自動車を保有していない何百万人ものフランス国民への対応、環境汚染や気候変動への対応、フランス国鉄が運行する TGV などの都市間高速鉄道への過度な投資が日常の交通ニーズに影響を及ぼしていることへの対応、世界で巻き起こるモビリティ革命への対応などから、次の三つの指針を掲げている。

　(1) 日常の交通手段に対して多くの投資を行う

　(2) 新しい移動サービスを促進し、すべての国民の移動を可能にする

　(3) より環境に優しい交通への移行を推進する

持続可能な社会を実現していくことは全世界共通の命題であり、地球温暖化への対応を加速し、移動に対する公平性を担保しつつ、国民が安心して暮らせる環境を新技術を援用しながら実現していくものだ。

　モビリティ指針法は、これら三つの指針に基づき、具体的には次の五つの政策で構成されている。

　①すべての地域のすべての市民への移動サービスの提供

　②新しい移動サービス（MaaS）の促進

　③環境に配慮した交通への移行

　④日常の交通手段への投資

　⑤交通の適切な機能の確保

　MaaS および新しい移動サービスに関する具体的な政策は、主に①〜③で述べられており、その要点を簡単に紹介しよう。

　まず、「①すべての地域のすべての市民への移動サービスの提供」については、交通の空白地域をなくし、自家用車に代わる代替交通手段の保証を提案するものとなっている。都市共同体（後述）あるいはコミューン（基礎自治体）が主体となって「モビリティプラン」を作成および実施することとしている点が特徴的だ。これは、従来の鉄道やトラム、バスに加えて、オンデマンド交通やシェアリングサービス、自動運転バス、共助型の移動サービスなどの新しい移動サービスの実施を推進するための枠組みとなっている。モビリティプランは、都市のスプロール化や大気汚染、生物多様性の保全といった課題に対処する計画とし、これまでの「都市交通戦略（PDU）」に置き換わるものとしている点も興味深い。

　フランスでは自治体が複数連携し、都市共同体として地域の中期的な都市交通戦略（PDU）を策定している。対象は公共交通機関だけでなく、街路、駐車場、自転車などマルチモーダルであり、計画にとどまらず、予算と一体となった事業計画となっている。この都市交通戦略で対象とする交通手段に新しい移動サービスを加え、都市圏全体での交通サービス網を形成していく内容だ（図1）。

　モビリティ指針法の第二の政策「②新しい移動サービス（MaaS）の促進」

図1　土地利用と交通が一体となった都市交通戦略（PDU）が策定されたストラスブールの都心部

は、2019年12月（遅くとも2021年）から、移動サービスに関するデータの活用を支援し、利用者がアプリなどを通してワンクリックであらゆる移動情報にアクセスできるようにするとしている。たとえば、トラムやバスなどの時刻表、カーシェアリングの料金や満空状態といった情報など、移動に必要となるあらゆる情報に利用者がアクセスできるようにし、異なる交通手段を連携し、ワンパッケージで経路や運賃などの情報提供を促すことを目指している。このように地域の交通手段が統合されることで、自分が利用可能な代替手段が今、どの程度あるかを市民が知ることができるようになることも、MaaSを展開していく意義として重視されている。

　これまでもフランスにはUberに代表されるようなさまざまな新しい移動サービスが参入し、従来の交通事業者との対立等を生んできた。モビリティ指針法によって、フランスで移動サービスを行う事業者にはデータのオープン化が義務づけられることになり、国や地方行政のガバナンスを強化していく狙いがうかがえる。

　また、自動車の乗車効率を向上するため、相乗り政策を推進することや、

図2 ディジョンの都心部を循環する電気駆動のミニバス

2022年までに公道での自動運転バスの走行を許可し、自動運転を推進することも述べられている。

　相乗り政策の推進と聞くと、ライドシェアリングをイメージされる方もいるかと思うが、ここでの相乗り政策は1人乗りの通勤交通の乗車効率を上げることを狙いとしたものだ。たとえば、アメリカで広く普及しているような高速道路での相乗り専用レーンの導入が検討されている。

　また、自動運転バスの実証については、今後約4200万ユーロ（約50億円）を投資し、フランス中部のクール・ドゥ・プレンヌ（アンドル県）をはじめ16地域で進めていく計画となっている。

　一方で、電動キックボードなどのワンウェイ型の移動サービスに対しては、自治体での事前承認や運賃体系を規定するなど、規制を強化する内容となっている。ちなみに、複数の電動キックボードが導入されているパリにおいては、2019年9月から歩道の走行を禁止し、違反者には罰金を科すように法改正されている。

　モビリティ指針法の第三の政策「③環境に配慮した交通への移行」については、従来の交通機関をクリーンな移動サービスへ移行し、同時に環境汚染の少ない交通機関の開発を支援、自家用車についてもクリーンな車両への転換を促進する（図2）。具体的な数値目標としては、2050年には陸上交通のカーボンニュートラルを実現、2030年までに温室効果ガスの排出量を

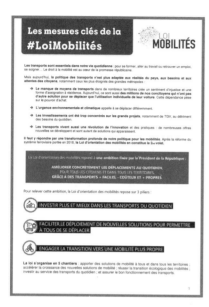

右側テキスト：

モビリティ指針法（LOM）の五つの柱

1 クリーンモビリティへの移行に向けて
Engager la transition vers une mobilité propre

2 誰もがどこにでも移動できる社会へ
Améliorer la mobilité de tous et partout

3 新しいモビリティ革命の推進 ⇒ MaaS
Accélérer la révolution des nouvelles mobilités

4 モビリティ力の促進と改善
Faciliter et améliorer la compétence mobilité

5 障害者向けのより良いアクセシビリティ
Une meilleure accessibilité pour les personnes en situation de handicap

図 3　モビリティ指針法の五つの柱と MaaS（出典：IOM（2019）Loi d'orientation des mobilités）

37.5％削減、2040 年までに化石燃料自動車の販売を禁止するとしている。また、自転車の利用を促進し、2024 年までに利用率を現状の 3％から 9％へと 3 倍に引き上げることを目指し、電気自動車（EV）の充電スポットを 2022 年までに 5 倍に増加、バイオガス車両の開発、電気自動車や水素自動車などをタクシーや公共の車両に普及させていく内容も盛り込まれた。

　これらの政策の実行力を高めていくために、50 人以上の従業員を有する企業に対しては、通勤行動計画の策定を定めており、公共交通機関だけでなく、相乗り通勤や自転車通勤の対策も含めた計画を企業に求める内容となっている。また、日本と類似の通勤手当に対する税控除がフランスでも始まっており、今後、通勤に相乗り通勤や自転車通勤を実施した場合には、年間 400 ユーロ（約 4 万 8000 円）の税控除となるそうだ。日本での通勤手当の支給は、自分が利用する経路や交通手段を固定するのが一般的だが、新しい移動サービスを推進していく上では通勤手当の税控除など企業活動と一体で推進していくことが重要であり、フランスの取り組みは一歩先を行くものと

して注目だ。

　さらにモビリティ指針法では、障害者の移動も重要な柱の一つとして掲げられている。たとえば、同伴者に対する運賃の優遇を推進すること、共助型の移動サービスを行政が一層支援すること、移動に関するデータを移動が困難な人の移動を容易にするために活用すること、充電用の駐車スペースへの優先駐車を進めることなどが盛り込まれている。これらは、ユニバーサルなMaaSを推進していく内容だ。

　このように、モビリティ指針法は、フランス国民の移動を保証し、そのために自治体に計画から実行までを主導する権限と財源を与え、既存の交通手段と新しい移動サービスを統合したMaaSにより、政策をさらに加速していくという包括的な交通パッケージとなっている点が特徴的である（図3）。

2）パリ市長の街路革命

　久しぶりにパリを訪問する人は、その街並みの豹変ぶりに驚くかもしれない。セーヌ川の右岸の自動車専用道路は今や歩行者専用空間となり（図4）、夏休みにはビーチが現われる。あちらこちらでバス専用レーンが導入され、専用レーンには自転車が走る姿も多く見られる。バス停留所は美しくデザイ

図4　自動車専用道路が歩行者専用空間に生まれ変わったセーヌ川右岸

LE PARIS DU ¼ HEURE

BIEN MANGER
APPRENDRE
TRAVAILLER
PARTAGER ET RÉEMPLOYER
SE DÉPENSER
15mn
CHEZ MOI
15mn
15mn
CIRCULER
SE SOIGNER
S'APPROVISIONNER
S'AÉRER
SE CULTIVER, S'ENGAGER

図5　パリ市長が掲げる「15分都市」構想（出典：アンヌ・イダルゴ市長のツイッター）

ンされ、次のバスが何分後に到着するかが一目でわかる。自動車であふれて
いた広場は人が集える空間に生まれ変わっている。環状方向への移動にはト
ラムを使い、24時間運行するバスが食の都を楽しむ人々の移動を支えてい
る。パリでの移動には、地下鉄やバス、トラムが都市圏内乗り放題の交通系
ICカード「Navigo（ナビゴー）」が便利だ（有効期限は1年、1カ月、1週
間等が選べる）。

　こうしたパリの大改造を積極的に推進しているのが、パリ初の女性市長で
あるアンヌ・イダルゴ氏だ。2020年6月には再選を果たし、同年1月21日
に掲げた公約は、これまでの政策をさらに1歩も2歩も進めていく大胆な計
画である。目玉の一つが「Ville Du Quart D'Heure（15分都市）」で、職場
や学校、病院、公園、食料品などに徒歩や自転車で15分でアクセスできる
街にアップデートしていく計画だ（図5）。ミラノやウィーン、メルボルン
等でも進められている政策をパリでも実施していく公約である。2019年の
データによると、パリには路上駐車スペースが8万3500カ所あるが、その
うち6万カ所、7割を超えるスペースを削除する計画も盛り込まれた。路上
から駐車場を排除することで、街路空間を再編し、歩行者や自転車の空間に
充当していくという大胆な計画だ。

　パリ市がこのような政策を立案している背景には、これまで長年、大気汚
染に悩まされ、交通渋滞も深刻だった状況が挙げられる。市長が掲げている
ビジョンは、パリを人間中心の空間に再編し、これらの課題を解決していこ
うとする内容である。

3）躍動するモビリティ革命

　パリでは、公共交通機関や新しい移動サービスのオープンデータが進んで
いる。たとえば移動には、MaaSアプリの「Citymapper（シティマッパー）」
が大変便利だ。Citymapperを立ち上げると、自分の位置と市内で利用可能
な交通手段が一覧で表示される。2019年8月に訪問した際には、バスや地
下鉄、トラム、郊外鉄道（RER）に加えて、自転車シェアリング、電動キッ

図6　MaaS アプリ「Citymapper」による検索例

クボード、電動バイク、レンタカーやカーシェアリング、配車サービスが営
業している様子が確認できた（図6左）。これだけ多くの種類の移動サービ
スが運行していることだけでも、パリでまさにモビリティ革命が始まってい
ることが理解いただけるだろう。訪問するたびに運行している交通手段が変
わり、また新しい移動サービスを運営する事業者もさまざまだ。

　Citymapper のオープニング画面から、利用したい交通手段のボタンを
タッチすれば、徒歩5分圏内や15分圏内にある最寄りのデポが表示される。
図6右は自転車シェアリングのボタンをタッチした後の表示画面で、自転
車シェアリングのデポの位置と空き状況が表示されている。利用時点では市
内に4社の事業者がサービスしていることも一目でわかる。ちなみに
「Vélib'（ヴェリブ）」は市が運営しているサービスで、2007年から導入さ
れ、広く市民に普及してきた。2018年には運営会社が変わり、電動アシス
ト自転車が3分の1ほど用意され、新生 Vélib' がスタートしている。

　Citymapper では、行きたい場所を地図からドロップあるいは入力すれば、

さまざまな移動手段の組み合わせや移動経路のパターンが表示され、自分の TPO に合った移動手段・経路を選択できる。また、交通手段によっては、アプリから予約や決済も可能だ。

　日本と同様に、運賃の支払いには交通系 IC カードが普及している。名称は「Navgo（ナビゴー）」だ。ただし、日本の交通系 IC カードとはサービスの内容が大きく異なるので、少し詳しく紹介しよう。

　都市圏の交通はイルドフランス交通連合（STIF）が統括しており、運賃制度も STIF が所管だ。Navigo では、ゾーン 1 〜 5 までの都市圏内の移動が一律の運賃で移動できる。パリの都市圏は広大であり、北東方面ではシャルル・ド・ゴール空港も含まれるほどだ。東京にたとえれば、成田空港から東京都心までのエリアがどの交通手段でも均一運賃で移動できると想像してもらうと、その凄さに驚くだろう。日本では、ある事業者が運行する交通手段から別の事業者が運行する交通手段に乗り換えると、そのつど初乗り運賃がかかり、距離に応じて運賃が加算されるだけでなく、交通手段の乗り継ぎによっても加算されるのが一般的だ。パリ都市圏の運賃制度は日本と大きく異なることがおわかりいただけるだろう。

　また、Navigo の運賃メニューは多様であり、利用できる交通手段も郊外鉄道、地下鉄、路線バス、トラムなどさまざまだ。観光客向けの 1 日券、1 週間券、居住者向けには 1 年間の乗り放題券や 1 カ月の乗り放題券、62 歳以上のシニア用、学生向け、障害者割引などがある。また、口座振替型の「Navigo Liberté ＋」も用意されている。

4）良質な交通手段への投資

　このような高品質な MaaS が有機的に機能するためには、市民に愛される良質な交通手段が地域にあり、それらが物理的なネットワークとしてつながっていることが重要だ。また、自転車や電動キックボードなどの普及には、車道と物理的に分離した安全な空間の確保も大切だ。

　パリでは放射方向を中心に地下鉄がネットワークしており、駅間が短く、

図7　バス停留所の上部に設置されたカウントダウンシステム

図8　パリの環状方向をネットワークするトラム

異なる路線を乗り継ぐ際も移動距離が短いことは注目だ。駅間が短いことは、乗車時間は長くなるものの、駅を降りてから目的地までの距離は短くなるメリットがある。

　路線バスも放射方向を中心にネットワークを形成しており、バスの走行空間には専用レーンが導入され、一部で逆行バスレーンが導入されている区間もあり、渋滞に巻き込まれず定時性が高い。日本にも徐々に普及し始めている連節バスは、狭いパリの城郭の内側を縦横無尽に走行している。バスの停留所もパリの景観に配慮してデザインされたものであり、系統番号等の案内と一体でいつバスが到着するかを表示するカウントダウンシステムも併設されている（図7）。また、バス停留所まで来なくても、少し先から到着まで

図9　自動車の交通広場から生まれ変わったレピュブリック広場

の時間を目視で確認できるよう工夫されている。これまで路線バスは選択肢になかった人からも、MaaS のアプリと良質なバスサービスのおかげで利用するようになったという話がよく聞かれるようになった。

　環状方向にはトラムが導入されており、都心環状をほぼ 1 周している（図8）。環状のトラムと放射のバスが交わる結節点には、自転車や電動バイクのシェアリングデポが配置されており、ミニバスに接続する停留所もある。これまで環状方向の街路は自動車のための走行空間となっており、1 日に通過できる人数にも限りがあった。中央車線をトラム専用の走行空間に再編したことで、環状方向の移動需要を支え、1 日に通過できる人数も整備前に比べて数倍になった。

　また、いくつかの交通広場では大規模な改造が進められている。たとえば、フランス革命発祥の地と言われるバスティーユ広場は、自動車が行き交う交通の要所で、アーセナル港につながるパリ東部に位置するが、2018 年 9 月から始まった改修工事が 2020 年に完了すると、広場と港が一体となる予定だ。

　レピュブリック広場は 2013 年には大改造を終え、自動車が走行する空間から市民の憩いの場所に生まれ変わった（図9）。パリで最大の交通広場であり、面積は 3.3 ヘクタール（280 × 120 m）、7 本の街路と地下鉄 5 系統、

図10 「自転車計画 2015-2020」で示された自転車道のネットワーク（出典：パリ市）

路線バス4系統が交差する結節点だ。広場の一部はバスのみのバスモールに
もなっており、広場を降りると地下鉄とも直結し、すべてが人間中心のデザ
インで心地よい空間が整備されている。訪問時には老若男女が集い、多くの
市民で賑わっていた。

　市長1期目には、自転車の走行空間を拡張する事業が次々と行われ、ヴァ
ンセンヌの森からセーヌ川沿いを抜けブローニュの森に至る区間に幹線の自
転車道が導入された。これは、2015年に策定された15億ユーロ（約1800
億円）の予算を投資した5カ年の自転車計画「Paris dévoile son Plan Vélo
2015-2020」の成果の一つである。5カ年計画では、自転車の利用率を5%
から20%に引き上げ、セーヌ川沿いの東西方向の自転車道を61km整備し、
市全体の自転車ネットワークを700kmから1400kmに倍増する計画が盛り
込まれた（図10）。筆者が訪れた2019年8月には、セーヌ川左岸に新しく
整備された自転車道がほぼ完成しており、多くの市民や観光客が快走する姿
を見かけた（p.9上写真）。整備前は自動車が行き交う幹線道路であり、1車

線を残し、もう1車線を自転車道にするという大胆な事業である。

　このように、ペリフェリック（都心環状道路）の内側は大改革が進んでいる。エッフェル塔の周辺では車を排除しエリア全体を庭園にする計画もあり、街中の最高速度を時速30kmに制限するエリア「ゾーン30」も増加中だ。自動車と自転車や電動キックボード等のマイクロモビリティサービスとの速度差を縮め、クリーンで安全な街路にアップデートしていく狙いが「ゾーン30」にはあるそうだ。MaaSはこうした地球温暖化への対応や安全な移動を推進していくための手段であり、パリはリアルなハードのデザインとバーチャルなIT技術のデザインとの調和がとれた先進都市の一つであろう。

2　ベルリン：行政が移動サービスのプラットフォーマーに

　ドイツの首都ベルリンでは、2035年までに3兆円の公共交通関連投資を行うことを2019年2月に表明した。キーワードは「オーバーホール（再生、再構築）」だ。「地方交通計画2019-2023」では、毎年20億ユーロ（約2400億円）を投入し、路面電車を増車するとともにさらに約3割を延伸する計画、路線バスを2030年までにすべて電動化し、運行頻度を10分とし、郊外はデマンドバスによりネットワークを再構成する計画、郊外鉄道（Sバーン）の車両を約4割増車する計画などが盛り込まれている。

　計画には七つの戦略が示されており、その中ではエコモビリティサービスの促進が掲げられている。公共交通機関や自転車、徒歩等の移動を促進し、2025年までに市内の移動の80%をこれらエコモビリティサービスで実現するとしている。

　公共交通関連の基盤をオーバーホールしながら、新しい移動サービスにも積極的に取り組んでいる都市がベルリンだ。2019年10月からは、「Jelbi（イェルビ）」という移動サービスを開始した（図11）。カバーしている人口、

図 11　公共交通を普段利
用しない人に訴求する
Jelbi のトップ画面
（出典：Jelbi）

　対象サービス数から見て、世界最大の MaaS だろう。ベルリン市交通局
（BVG）が、リトアニアのモビリティプラットフォーム会社 Trafi（トラフィ）
と提携してサービスを提供しており、ベルリン市内で提供される交通をほぼ
網羅している。Trafi 社はインドネシア・ジャカルタのマルチモーダルな移
動サービスを手掛けたスタートアップであり、アジア地域にも馴染みのある
企業だ。

　Jelbi には、サービス開始時点で 12 種類の交通手段が含まれている。路面
電車、郊外鉄道、地下鉄、バス、タクシー、フェリーなどの公共交通機関に
加えて、自転車（Deezer）、電動キックボード（Tier）、電動スクーター
（Emmy）などの新しい移動サービス、さらにはオンデマンド型交通サービ
ス（BerlKönig）やカーシェアリングなども含まれている。

　Jelbi は 1 人乗りのマイカー利用を抑制するためにデザインされている。
すでに道路の容量が限界となっており、今後の成長の受け皿として、新たに
発生する交通需要をマイカーだけでなく大量輸送の公共交通機関で支えてい
くという発想が根底にある。アプリを立ち上げた瞬間から、市内をサービス
する交通が手に取るように把握でき、現在位置から利用可能な交通手段、最
寄り駅やバス停の場所、移動サービスの空き状況や価格など、まるでレスト

図 12　子供用に開発された MaaS アプリ「VBB jump」(出典：VBB)

ランのメニューのように全体像の理解を促していく。目的地を入力すれば、道先案内人のようにアプリがルート案内を支援、予約や決済も可能だ。

　上記のすべての交通サービスを統合したアプリ以外にも、電子チケット専用のアプリ、市交通局の交通手段を対象としたアプリ、オンデマンド型交通サービス専用のアプリなども存在する。また、ベルリン都市圏の運輸連合（VBB）では、子供向けの MaaS アプリ「VBB jump（VBB ジャンプ）」も2018 年 6 月に開発し、子供の頃から公共交通に慣れ親しんでもらえるように、スマホ世代に訴求する直感的なインターフェースによる新たなサービスも展開している（図 12）。普段利用する目的地はアイコンや写真などで登録でき、直感的に目的地の指定ができるように工夫されている。また、親と子供がリアルタイムでつながっており、子供が誤ったバスに乗車しようとした場合などでも、子供の位置情報が共有され、親とスムーズにやりとりできるようヘルプ機能も内包しているそうだ。

　ベルリン市では、市内の交通サービスを統合するだけでなく、市が自ら新しい移動サービスを提供し、市民の暮らしの足を支えるプラットフォーマーになり、日々収集されるビッグデータから地域の交通サービスを改善していこうとしている。

　市交通局が運行しているオンデマンド型交通サービスは、ViaVAN（ヴィアヴァン）社が運行を担っている。ViaVAN 社は Daimler（ダイムラー）

社と Via（ヴィア）社によって設立された移動サービス企業で、約 150 台の Daimler の車両がベルリン市の東側を営業エリアとしており、多くは電気自動車（定員 6 名）となっている（p.9 下写真）。運賃は最低 4 ユーロ（約 480 円）、1km ごとに 1.5 ユーロ（約 180 円）が加算される。複数人で乗車することで運賃が割り引かれ、1 名追加すると 50％の割引となるそうだ。友人 3 人で乗車した場合、1 名のみ全額を支払い、他の 3 名は半額となる。このベルリン市のオンデマンド型交通サービスは 2019 年の UITP Awards で Public and Urban Transport Strategy 部門で賞を獲得しており、欧州の評判も上々だ。

3　ハノーバー：交通事業者が主導する欧州初の MaaS

1）実証実験を経て実装された MaaS

　欧州で都市内の公共交通事業者自らが MaaS に初めて取り組んだ代表例は、ドイツ・ハノーバーの「Üstra（ウストラ）」だろう。2016 年 2 月から Üstra とハノーバー市交通局（GVH）は、都市圏内の公共交通機関、カーシェアリング、自転車、タクシー、ドイツ鉄道（DB）などを対象に、マルチモーダルな移動の経路検索、予約、請求処理機能を提供している。彼らはこのサービスを「Mobility Shop（モビリティ・ショップ）」と呼び、利用者がその月に利用した移動サービスに対して月末に利用料を請求するという形態をとっている点で大変ユニークだ。日本では、電気やガスの使用料が事後に請求されるが、その移動サービス版と考えるとわかりやすい。
　その前身として、ハノーバー市は 2004 年に 1500 人の住民を対象にマルチモーダルな実証実験「HANNOVERmobil」を実施し、バス利用に加えてカーシェアリングやタクシー、レンタカー、配送サービス、自転車などの利用料を割り引くサービスによって、住民が公共交通利用や自転車利用に行動

図 13　Üstra の「Mobility Shop」のインターフェース（出典：Üstra）

変容するという知見を得ている。

　その後2013年には、国の事業に採択され、Volkswagen（フォルクスワー
ゲン）社や地元のカーシェアリング企業と連携し、MaaS のプラットフォー
ムを開発している。国の事業が終了した後、Volkswagen は撤退し、事業の
資産は Üstra に引き継がれたそうだ。

　Mobility Shop では、移動手段を購入するように自分の利用したい手段を
利用者がカスタマイズでき、提示される経路や手段もまるで Amazon で買
い物をするような感覚に近いインターフェースにデザインされている（図
13）。

2）自動車メーカーが運営するオンデマンド交通

　またハノーバーでは、1章で紹介した、ハンブルグで成功を収めている
Volkswagen の「MOIA（モイア）」を2019年秋から導入されている。トラ
ムの三つの駅までの端末交通の移動を支援するサービスで、MOIA のアプリ
から3ユーロ（約360円）で利用できる。Brabeckstraße、Schaumburgstraße、

Am Soltekampe のトラム 3 駅からスタートしており、オンデマンド型交通サービスとトラムを組み合わせて、自動車以外の移動の選択肢を増やしていく試みである。

パンデミックへの対応により、2020 年の 4 月からハノーバーでの営業をいったん休止していたが、同年 8 月から再稼働している。再開時には、地域の公共交通サービスを補完していく観点から、市内全域を対象とし、平日は午後 2 時（日曜日は午前 10 時から）から運行、感染予防対策を徹底した上で安全に配慮し、需要に応じて供給量を調整している（2020 年 12 月 18 日から再度サービスを一時停止した）。

3）乗り継ぎしやすい結節点のデザイン

ハノーバーは最先端の技術を取り込んだ移動サービスを推進している都市であると同時に、古くから異なる交通手段をスムーズに乗り継ぐための工夫がなされてきた都市としても有名だ。

都市内の幹線となる公共交通はトラムが担っており、郊外へは路線バスが運行している。トラムとバスの乗り継ぎが問題となるわけだが、ハノーバーでは結節点のデザインにより乗り継ぎの物理的な抵抗を克服している。

トラムの終点駅では、トラムが円形の動線の外側を迂回路として利用する（図 14）。郊外行きの路線バスは円形の内側の動線を逆方向で運行する。トラムが都心から郊外の終点駅に到着すると、同一のプラットホームの内側には郊外行きの路線バスが停車しており、数歩歩けばトラムからバスへの乗り継ぎができるようになっている。すべての乗客を降ろした後、トラムは外側の動線を移動し、反対側のプラットホームに移動する。ここに郊外からきた路線バスが到着し、数歩歩けば都心方面へのトラムに乗り継ぐことができるというわけだ。

ハノーバーでは欧州で一般的に採用されている信用乗車制度が導入されており、トラムには改札を通らずに乗降できる。検札官がゲリラ的に乗車券をチェックすることで、改札というハードの施設投資が不要となるしくみだ。結

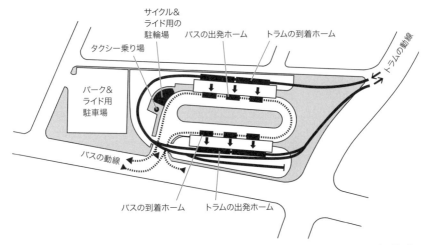

サイクル&
ライド用の
駐輪場
バスの出発ホーム　トラムの到着ホーム
タクシー乗り場
パーク&
ライド用
駐車場
トラムの動線
バスの動線
バスの到着ホーム　トラムの出発ホーム

図14　トラム終点の Empelde 駅のモビリティデザイン。トラムとバスが同一ホームで乗り継げる
ように工夫されている

果、トラムやバスなどの路面公共交通の乗降や乗り継ぎの負担は軽減されて
おり、利用者目線のサービスとはまさにこのような取り組みを指すのだろう。

4　ウィーン：行政が設立したスタートアップが MaaS を推進

1）スマートシティ戦略の交通ビジョン

　オーストリアの首都ウィーンは、MaaS と言われる以前から移動サービス
を行政主導で進めてきた代表的な都市の一つだ。
　ウィーン市では 2013 年に、「2050 年のスマートシティ・ウィーン・フレー
ムワーク戦略」を踏まえ、「2025 年に向けた将来の交通ビジョン（Urban
Mobility Plan Vienna STEP2025）」を策定しており、自動車を所有せずと

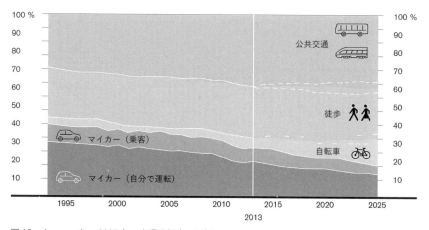

図 15　ウィーン市の 2025 年の交通分担率の目標 (出典：ウィーン市のデータに加筆)

も移動できる社会の実現を目指している（p.5 写真）。交通ビジョンでは、2025 年には自家用車の分担率を 20%、それ以外の交通手段の分担率を 80% にする「80：20」という具体的な KPI を掲げている（図 15）。

2）MaaS の B2B ビジネスを担うスタートアップ

　ウィーンの MaaS は、市の掲げるこれらの目標の実現を後押しする役割を果たしている。ウィーンには市交通局のアプリ「WienMobil（ウィーン・モバイル）」以外にも、フィンランドの MaaS Global 社の「Whim（ウィム）」や「TIM」などがサービスを展開している。日本でも、経路検索サービスとしてナビタイムやヤフー、駅すぱあとなど複数の事業者が存在しているのと同じだ。

　それらのデータ基盤を担っているのが、市交通局が 51%、市シュタットベルケ（電気、ガス、水道、交通などの公共インフラを整備・運営する自治体所有の公社）が 49% 出資して設立したスタートアップの「Upstream（アップストリーム）」社だ。同社は UITP（国際公共交通連合）でオープンバックエンドプラットフォーム（さまざまなモビリティサービスが一つのプ

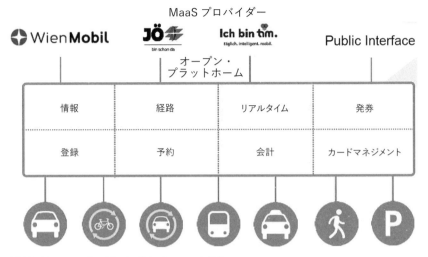

図16　Upstream 社の MaaS プラットフォーム概念（出典：Upstream のデータに加筆）

ラットフォームに統合され、さまざまな MaaS プロバイダーにオープンに
公開されるモデル）の代表例として紹介されており、欧州でも注目株の一つ
である。

　Upstream 社は、市内のすべての移動サービスを一元化したプラット
フォームを構築しており、交通事業者と MaaS オペレーターをつなぐ役割
を担っている（図16）。設立当初は6名の従業員からスタートし、利用者
1500人を対象とした実証実験を通して、公共交通利用を26％増加、自動車
利用を21％削減させるという成果が得られたそうだ。その後、事業を拡大
し、現在は従業員50名体制で MaaS の B2B ビジネスに取り組んでいる。

　たとえば、2017年6月に市民向けにリリースされた「WienMobil」では、
バス、路面電車、地下鉄だけでなく、e ローディング・ステーション（電動
用貨物車両のデポ）、駐車場、タクシー、自転車シェアリング、カーシェア
リング、レンタカー、電動キックボードなど、市内で利用可能なすべての移
動サービスにシンプルにアクセスできる。リアルタイムの情報だけでなく、
チケットの購入、予約、決済まで行える、まさに「ワンストップ・モビリ

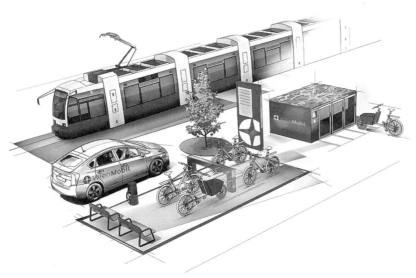

図 17　ウィーンのモビリティ・ハブのイメージ（出典：ウィーン市交通局）

ティ・ショップ」を展開している。2年が経過した時点で 100 万人以上にダ
ウンロードされており、市民に広く普及した MaaS の先進例である。

　また現在、トラムの 3 駅で公共交通とカーシェアリングや自転車シェアリ
ング等を統合したモビリティ・ハブを整備している（図 17）。たとえば
Simmeringer Platz 駅では、EU のプロジェクト「Smarter Together」によ
り、エネルギーや物流と移動サービスを連携した先進的な取り組みを進めて
おり、電動アシスト自転車やカーゴバイク、カーシェアリングや充電ステー
ション、情報端末等が配置されている。このようにウィーンでは、自動車を
保有することなく、住民がさまざまな移動サービスを利用できるように、
MaaS のプラットフォームやアプリだけでなく、フィジカルな空間も合わせ
て整備している。

6章

日本での実装を
デザインする

1　MaaS 時代の交通まちづくりに向けて

　モビリティ革命が進展し、自動運転や MaaS が当たり前になった時、ど
んな社会が訪れるだろうか。

　自動車が発明され、モータリゼーションによって、自動車は人々の価値観
やライフスタイルに大きな影響を及ぼしてきた。マイカーを前提とした商業
開発や観光開発、工場・企業誘致などは今も続いており、地方都市では一家
に 1 台から 1 人 1 台マイカーを所有することが当たり前となった。

　自動運転車両を広く国民が享受できる社会が到来した場合、これはありえ
ない仮定ではあるものの、もし何も政策を打たなかったら、政府が掲げてい
るコンパクト・プラス・ネットワークという持続可能な社会からは真逆の状
況が生じるかもしれない。都市のスプロール化に拍車がかかり、地域の生活
を維持していくためのインフラの管理コストもさらに増加していくという最
悪のシナリオが想定されるだろう。もちろん、何も政策を打たないというこ
とは想像できないものの、では、何を行ったらよいのか。本書ではそのヒン
トを与えられればと考えている。

　欧州などの先進諸国では、MaaS により、行政のガバナンスを強化し、自
動運転が及ぼす負のリスクをマネジメントしていく動きが活発だ。MaaS は
あくまで交通まちづくりのツールであり、モビリティ革命をマネジメントし
ていく新しい都市計画の手法が次々と開発されている。もちろん、新しい計
画手法が評価されるのは数十年先になるかもしれないが、百年に一度と言わ
れるモビリティ革命のポテンシャルを最大限に発揮していくためには、都市
計画やまちづくり、社会インフラ整備として取り組むべき事項に果敢に挑戦
していくことが今求められているのではないだろうか。

　そこで本章では、地球温暖化への対応、交通事故のない社会の実現に向け
て、MaaS 時代の交通まちづくりを進めていく上で、具体的に着手していく
べきポイントを筆者なりにまとめてみた。

2　街路の階層をデザインする

　皆さんは街でこんな光景に出会ったことがないだろうか。バス専用レーンと自転車レーンが混在していたり、バス停留所に自転車レーンが引かれていたり、パーキングメーターがあるところに自転車レーンが設置されていたりと、この数年で知らない間にこのような道路の運用が増えてきた。また、表から1本入った裏通りではなく、表の幹線道路に立派な荷さばきスペースが増えてきたと感じている人もいるかもしれない。

　一方、欧米先進諸国ではこのような状況は比較的少なく、その背景には、街路の階層ネットワークの考え方があると筆者は考えている。簡単に言うと、歩行者を優先する街路、自転車を優先する街路、バスを優先する街路など、それぞれの街路の役割が明確に決められており、また政治情勢などで大きな変更が時にはあるものの、将来の計画に従って空間のリデザインが着実に進められている。

　早くから街路の階層ネットワークに取り組んできたアメリカのポートランドやシアトルなどでは、街を歩くだけで、公共交通を優先している街路、荷さばきを優先している街路、歩行者を優先している街路、自転車を優先している街路、自動車を優先している街路が一目でわかり、政策の意思を体感できる。日本のように、その場その場の事情や情勢で街路空間の使い方が変わることは少ない。

　また、新しい移動サービスが次々に登場しており、従来の計画を新しいビジョンに刷新していくような動きも活発だ。街路空間の中ですべての移動手段を優先することは物理的に困難なため、地域やエリアで路線ごとや区間ごとに優先順位を決め、また、その中に新しい移動サービスや自動運転サービスなどを位置づけていくことがMaaS時代の交通まちづくりに求められることだろう。

　日本でも大都市などでは、前述したように路肩の争奪戦がすでに始まっている。欧米では数年前から関心が高まり、行政がマネジメントしていく上で

も、街路の階層ネットワークの役割は一層重要性が増している。

　たとえばアメリカ・デンバーでは、2040年をターゲットに土地利用と交通が一体となった地域の青写真を構想した「Blueprint Denver（ブループリント・デンバー）」を2018年に公表した。2002年に策定した内容を更新した位置づけとなっている。

　その重要なキーワードの一つが「公平性」であり、地域にあるさまざまな資源に対するアクセスを誰もが享受できるようにし、将来の成長を持続しながら生活の質を向上していこうというビジョンが提示されている。その中で、沿道の施設と街路の組み合わせを明確にし、また、マルチモーダルネットワークという街路の階層ネットワークのコンセプトが打ち出されている点が特徴的だ。

　市内の街路は、都心部、主要街路、ミクストユース、工業系、商業系、住宅地の6種類の土地利用タイプに応じて、幹線街路と集散街路の2パターンに分けられ、沿道の土地利用に適した街路の役割を明確にしたネットワーク計画が示されている。

　また、マルチモーダルネットワークが提案されており、街路の優先順位を、歩行者、自転車や公共交通、物流、自家用車の順とした人間中心のコンセプトとなっている（図1）。歩行者のネットワーク、自転車などのネットワーク、公共交通のネットワーク、物流や自動車のネットワークを作成し、それぞれのネットワークを先の優先順位で図2のように重ねていく考え方である。デンバーでは、こうして重ね合わされたネットワークから特定の交通手段だけを優先するのではなく、複数の交通手段を調和していく新たなコンセプトが提案されている。

　「コンプリートストリート（完全な街路）」のコンセプト自体は新しいものではなく、2000年代後半から提案されてきた概念だが、これまでの自動車などが移動するためだけの空間ではなく、市民の生活、商業活動、社会的な活動など人々の営みの場としての空間を創出していくものであり、デンバーの青写真においても、沿道の土地利用を強く意識したコンプリートストリートが提案されており、示唆に富むものだ。

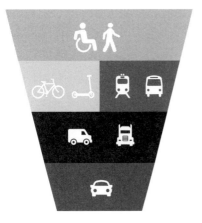

図1　デンバーにおける街路の優先順位
（出典：Blueprint Denver）

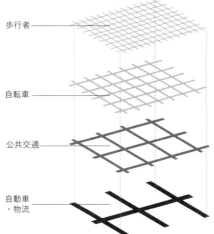

図2　デンバーの街路の階層ネットワークのコンセプト（出典：Blueprint Denver に加筆）

　今後日本で自動運転サービスをはじめとした新しい移動サービスへの先行投資をインフラ側で進めていくためには、このような街路の階層ネットワークによる空間再配分のビジョンづくりから始めることをお勧めしたい。

　コンプリートストリートの基本的な精神はボトムアップによる計画づくりであり、地域や沿道の利害関係者、交通事業者や新しい移動サービスの事業者など、さまざまな主体に対する情報公開や調整手続きが重要となる。図1の優先順位のピラミッドの構成はその地域で協議して、地域の課題や将来を見通して合意していくことが望ましい。今後も新しい移動サービスが登場してくることも想定し、このピラミッドのどこに位置づけていくかを、市民自らが決めていくべきだろう。このような計画プロセスやビジョンづくりを通して、人間中心で市民主導の交通まちづくりを進めていく契機にもなるだろう。

3 速度をデザインする

　多様な移動手段が共生する社会を実現していく上では、大きな車両と小さな車両、速い車両と遅い車両などの速度ギャップを、速度規制や街路構造により小さくし、安全な移動環境を維持、向上していくことが重要となる。

　たとえば、高齢者の免許返納後の移動手段として超小型電気自動車（EV）の普及を推進していく場合、車重が 400 kg 強の超小型 EV と 2 t クラスの SUV（スポーツ用多目的車）等が共存していくため、運用上は車両の安全基準以上に速度ギャップが大きな課題となる。また、市街地の中で自動運転バスの走行を推進していくには、安全に走行できる空間や他の車両との速度ギャップが課題となる。

　安全性の観点からは、時速 30 km 以下で車両と人が衝突した場合の致死率と時速 50 km で衝突した場合の致死率に大きな違いがあることがこれまでの知見で明らかになっている。WHO によれば、時速 30 km 以下で車両と人が衝突した場合の致死率が 10％なのに対して、時速 50 km の場合には 80％に上昇する。したがって、上記の速度ギャップを小さくするためには、上限の速度規制の役割が一層重要になるだろう。

　日本では一般的に生活道路の安全対策として時速 30 km に規制する「ゾーン 30」という手法が運用されているが、欧州では生活道路に限らず、都心部や歩車共存道路などにも適用されており、その範囲は広い。たとえばパリのように、ペリフェリック（都心環状道路）内全域をゾーン 30 とした計画を進めている都市が、その代表例だ。

　また、フィンランドの首都ヘルシンキのように、1990 年代からエリア全体の速度マネジメントを強化し、2000 年代には幹線道路を除くエリア全体をほぼゾーン 30 にしてきた都市もある（図 3）。2019 年にはヘルシンキの自動車による死亡事故はゼロとなり、世界でも大きな話題となった。さらには、3 章で紹介したスイス・シオンのように、自動運転バスの走行エリア全体をゾーン 30 やゾーン 20 として設定し、自動運転バスが安全に走行できる

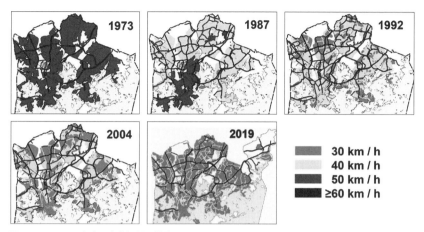

図3　ヘルシンキ市内の速度規制の推移 (出典：European Transport Safety Council)

環境に他の車両の速度を合わせていくような運用も始まっている。

　新しい技術を実装していく上では、速度のマネジメントが重要な政策ツールとなり、技術の進歩に応じて条件を緩和していったり、社会受容性を高めていく取り組みから学ぶことが多くある。

　また新しい移動サービスでは、電動キックボードのようにGPSを用いた位置情報と連動し、車両が管理センターと接続されていることで、車両の速度や走行エリアを細かく管理できる。車両がコネクティッド（インターネットに接続）になれば、車両側でのコントロールも重要になっていくだろう。

　高速道路への自動運転サービスを先行して導入していく場合においても、欧米で普及しつつあるような車線ごとの速度マネジメントが重要だ。欧米の一部の都市では、レーン・マネジメントがすでに運用されており、たとえばイギリス・バーミンガムやアメリカ・シアトルのように、500mごとに車線別に設置された固定のセンサー類から交通状況をモニタリングし、交通流を管理している。これは「アクティブ・トラフィック・マネジメント」と言われる手法で、たとえば交通密度が増加すれば、推奨速度を運転手側に伝え、ストップ・アンド・ゴーの状態が生じないように車線ごとに管理している。

　自動運転サービスを実用化していく上では、このレーン・マネジメントの

運用が非常に重要になると筆者は考えている。なぜなら、高速道路上では自動運転車両と非自動運転車両との速度差が生じる場面が多発するため、自動運転車両の車線誘導や速度管理、非自動運転車両の車線誘導が交通流の円滑化、事故発生時などにおいて大きな課題となるからだ。アクティブ・トラフィック・マネジメントでは、事故発生時などには車線ごとに閉鎖するといった運用を行っており、道路の管理と自動運転の制御を円滑に行う上でも必須の条件だろう。

　欧米ではこの点においても着実に経験を積んできており、また、5Gや6G時代のコネクティッドカー（周囲の車や道路とインターネットでつながる自動車）の普及を見据えた交通マネジメントにも積極的に投資をしてきている。日本においても早急に区間ごとのマネジメントから車線ごとのマネジメントにアップデートしていくことが求められる。

　また、欧州で都市間の幹線道路を運転したことがある人なら、日本とは異なりきめ細かく安心して運転できる速度規制に驚かれた経験があるのではないだろうか。ドイツやフランスに代表されるように、速度規制は道路構造や沿道環境、天候状況等によってきめ細かく区間ごとに設定されている。運転の際には、速度規制の標識を確認していれば、その先の急カーブなども安全な速度で走行でき、また、その先に住宅地があることも、標識の規制速度の情報から推測ができる。

　一方、日本では、都市間の幹線道路によっては自分が運転している区間の規制速度を確認するのが難しく、道路の形状の変化も目視で確認しながら速度コントロールが求められる。日本で自動運転が普及していく過程では、急カーブなどの形状の悪い区間において安全な速度規制が必要になる。いずれ日本でも、欧州のように区間ごとにきめ細やかな速度規制の運用に変更していくことが求められるだろう。また欧州の高速道路などでは、曲率半径の情報を本線上に提供して安全運転を促す取り組みもなされており、一般道も合めて安全に走行できる規制速度の標識が重要になっていくだろう。

　このように考えると、自動運転サービスが普及することで、非自動運転車両の安全性も同時に高まっていくことが期待できる。

4　街路空間をリデザインする

　日本の大都市や地方都市では、放射方向のネットワークに加えて、環状方向のネットワークが整備されたことで、街路の機能分担が着実に進んできた。都心部を通過する交通は環状方向に迂回し、都市内の自動車需要が減少している都市も出現している。たとえば、仙台市においては、1994年から2017年の23年間で都心部の自動車交通量は2割ほど減少した。

　また、日本ではすでに人口減少のステージに入っており、交通需要全体が減少していく可能性が高く、従来の都市内の街路空間の役割も見直しの時期に差しかかっている。6車線の区間を4車線に、4車線の区間を2車線にするような車線の縮減、いわゆる「ロードダイエット」を進め、縮減した空間に新たな価値を生んでいく発想の転換が、これからは必要だろう。

　松山市の花園通りのように路面電車と歩行者空間を中心とした街路空間に再編され、姫路市では姫路駅から姫路城を結ぶ交通軸をバスモールにリデザインするなど、都市のシンボルとなる空間が魅力的な場に生まれ変わっている。

　前述したように、今後は街路の階層ネットワークの発想が重要になってくる。沿道や地域との合意形成を進めていく上では、必ず「なぜ自分の前の街路なのか？」「なぜ、1本裏の街路ではないのか？」と問われることになる。その際に市民に説明できる青写真が重要なのだ。

　図4はデンマーク・コペンハーゲンの目抜き通り、ハンス・クリスチャン・アンデルセン通りにおける歩行者、自転車、自動車、バスの物理的な空間の実態と大通りを利用する交通手段の分担構成を示したものだ。コペンハーゲンのように積極的に自転車やバス等のグリーンモビリティにシフトしてきたところであっても、依然として利用している交通手段とそのための空間にギャップが生じている。大通りを利用する62%が自転車利用、21%が公共交通利用、9%が自動車利用、8%が徒歩利用であるのに対して、物理的な面積は、自動車が54%、道路の駐車空間が12%と、66%が自動車のた

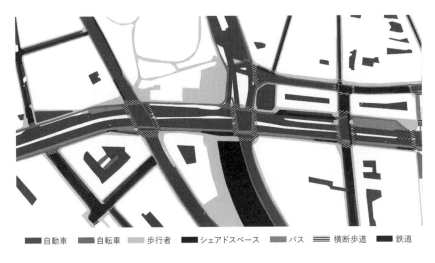

| ■ 自動車 | ■ 自転車 | 歩行者 | ■ シェアドスペース | バス | 横断歩道 | ■ 鉄道 |

通勤・通学の交通手段分担率

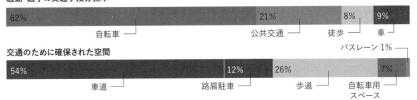

図4 コペンハーゲンのハンス・クリスチャン・アンデルセン通りの空間と利用を手段別に可視化した例 （出典：The Guardian（2018）Copenhagenize your city: the case for urban cycling in 12 graphs に加筆）

めの空間となっていることが、この図からわかる。

　日本においても、新しい移動サービスを含めて街路の空間再配分を進めていく上で、この図のように、自分たちの街やよく利用する街路を対象に手段ごとの物理的空間と利用者数を可視化してみてはどうだろうか。通過する交通量も目視で日中数時間観測する程度でも十分だ。私たちは、自分たちの身近な空間がどのように利用され、そのためのインフラがどのようになっているか、意外と知らないものだ。戦後、街路の骨格が整えられてから、旧市街地などでは骨格や車線の運用、車道と歩道のバランス等は大きくは変わっていないのではないだろうか。一方で、設計当初の交通状況から大きく変化し

ている地区や路線も生じている。当たり前のように普段利用している街路の利用とインフラのギャップをまずは知ることから始めてみることが大切ではないだろうか。

また新しい移動サービスが普及していくなかで、人々の移動パターンや移動手段も変化していくことが想定される。3章で紹介したアメリカ・ボストンのシミュレーションが究極の移動パターンだとしても、そこに至る過程をシナリオとして描いていくことで、今後想定される課題や先行投資が必要な政策を事前に洗い出していくことができる。メリットもある一方でデメリットも浮き彫りになり、そのデメリットが生じる前にそれらを最小限にしていくこともできるかもしれない。

もちろん、いくつかのシナリオや地域の政策によっては、電動化も進まず、自動運転も進まず、何も変わらないかもしれない。一方で、すでに中国やアメリカなどでは急速に「CASE」と言われているモビリティ革命が進展しており、こうした国際的な状況をとらえて交通まちづくりの課題を想定していくことも重要だろう。海外の先進都市では、行政が策定する将来交通ビジョンにおいても、交通事故ゼロの社会、地球温暖化への対応を掲げた新しい交通まちづくりが次々と提案されており、CASE や MaaS を手段として新しい技術を採り入れたまちづくりの計画が進められていることも見逃してはならないだろう。

そんななか、アメリカ・サンフランシスコ市では、スマートシティの議論の中で将来の移動パターンが変化していくシナリオを描き、移動パターンの変化に順応した街路空間や都市空間の活用を提示している（図5）。

そこでは、乗車効率を高めたシェア型のオンデマンド型交通サービスを推進し、最終的には自動運転によるシェア型の交通サービスが移動の中心となって、事故が減少し、環境にも優しい都市を目指していくビジョンを描いている。自動車の車線が減少していくだけでなく、都心部を埋め尽くしている駐車場も大幅に縮小され、歩道や沿道の空間をこれまでとは異なる空間として活用し、新たな都市の価値を創造していく提案となっている。

サンフランシスコ市は、アメリカの連邦交通省が主催した「スマートシ

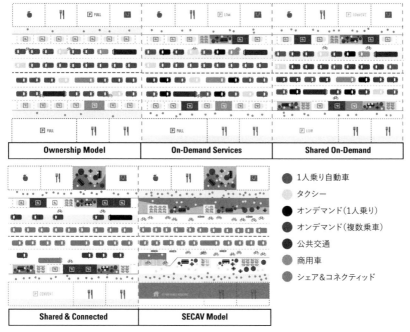

図5　サンフランシスコ市が掲げるモビリティ革命の進展と都市空間の将来像
（出典：サンフランシスコ・スマートシティ・チャレンジに加筆）

ティ・チャレンジ」（4章参照）でコロンバス市に敗北したものの、2019年には市内の目抜き通りであるマーケットストリートを公共交通と歩行者や自転車のみが通行可能な空間に再編しており、大きな話題となった。都市空間の役割を大きく転換していくメッセージとしてもシンボリックかつチャレンジングな取り組みであり、パラダイムシフトが確実に始まっている。

　また、カナダ・バンクーバー市においては、自動運転の普及に備え、最悪のシナリオは自動車交通にさらにシフトし、都市が拡散することだとの危機感の下、遠い将来ではなく、近未来の自動運転を想定した街路空間の再編を提案している（図6）。

　現状の片側3車線を2車線に縮減し、一部を自動運転車両の専用レーンとして運用する。車両が自動化されることで、車線幅員も狭くすることがで

図6　バンクーバー市が掲
げる近未来の都市空間像
（上：現状、下：近未来）
（出典：バンクーバー市）

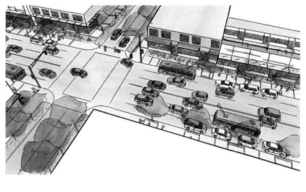

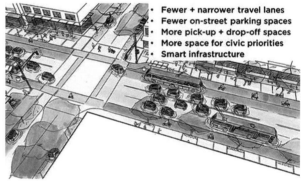

- Fewer + narrower travel lanes
- Fewer on-street parking spaces
- More pick-up + drop-off spaces
- More space for civic priorities
- Smart infrastructure

き、その分の余剰スペースを自転車レーンや歩道の拡幅などに転用する。路
上の駐車空間も縮小し、その代わりに交差点付近、幹線道路と接続する補助
幹線道路に乗降スペースを設けるといった提案だ。

　バンクーバーでは、都市圏の幹線交通はすでに無人の新交通システムとし
て長年運用を続けており、また、基幹的なバス交通を推進し、バス専用レー
ンの整備も進んでいる。車道と分離した安全な自転車レーンもネットワーク
化が進められ、カーシェアリングや自転車シェアリングも交通の結節点や要
所などに計画的に配備されている世界有数の移動サービス先進都市だ。

　将来の理想像とそれを実現するための道筋、近未来の空間像を多くの利害
関係者を交えて議論していくことが、日本でも求められる。自動運転や
MaaS はあくまでも手段であり、技術だけではそのポテンシャルを十分に発

揮することは困難である。どのような街を目指していくかは地域が決めることであり、何も手を打たなければバンクーバー市が危惧しているような最悪のシナリオが訪れるかもしれない。

5　ハブをデザインする

　日本でも、自動運転バスや電動キックボードなどの新しい移動サービスが徐々に普及し始めている。UITP（国際公共交通連合）は、個人利用と共同利用の移動サービス、公的なサービスと私的なサービスの分類から、図7のようにさまざまな移動サービスを MaaS プラットフォームとして統合していく概念を紹介している。

　統合にも A から B への移動をつなぐ統合もあれば、A から B への選択肢を増やしていくための統合もあり、前者はインターモーダル、後者はマルチモーダルと言う。この個人利用と共同利用をつないだり、公的サービスと私的サービスをつなぐには、デジタルでの連携と合わせて、物理的な連携が非常に重要だ。これは、人と人の交流する場をどのように設計していくかという問題であり、従来にはない新しい移動サービスの機能を十分に踏まえておくことが大切なポイントとなる。

　幹線輸送の補完としてファーストマイルやラストマイルの輸送が期待され、その手段として新しい移動サービスの導入が提案されることがよくある。そうした場合、新しい移動サービスの時間あたりの輸送可能量や稼働可能時間、利用可能距離、地域の空間的配置などを把握して、ファーストマイルやラストマイルとしてどのような移動サービスが最適か（車両数、運行頻度、サービス時間等）をよく検討した上で、交流の場やモビリティ・ハブのデザインに取り組む必要がある。残念ながら、日本では新しい移動サービスに関する知見がまだ十分に蓄積されていないため、先進諸国での知見を参照したり、実証実験での知見を蓄積していくことが最優先だ。

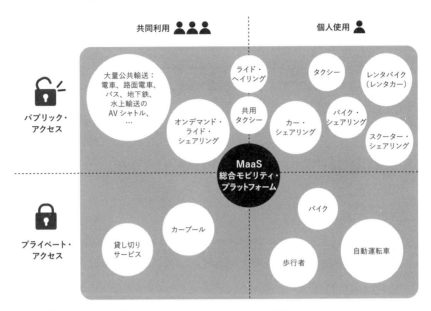

共同利用 👤👤👤 　　　個人使用 👤

パブリック・
アクセス

大量公共輸送：
電車、路面電車、
バス、地下鉄、
水上輸送の
AV シャトル、
…

ライド・
ヘイリング

タクシー

レンタバイク
（レンタカー）

オンデマンド・
ライド・
シェアリング

共用
タクシー

カー・
シェアリング

バイク・
シェアリング

スクーター・
シェアリング

MaaS
総合モビリティ・
プラットフォーム

バイク

プライベート・
アクセス

貸し切り
サービス

カープール

歩行者

自動運転車

図7　国際公共交通連合が提示する MaaS プラットフォームの概念（出典：UITP のデータをもとに作成）

　さまざまな移動手段をつなぐモビリティ・ハブの整備を、3章で紹介した
アメリカ・ミネアポリスのように、プレイスメイキングの一環として、また
環境教育の一環として位置づけていく取り組みも見られる。また、ドイツの
ように自動車の保有という選択肢に加えて新たな選択肢を地域に提供し、市
民のライフスタイルを変えていく取り組みもある。さらには、ウィーンのよ
うに電動化によって、移動とエネルギー、人とモノを融合していくための拠
点としてモビリティ・ハブを政策的に推進していく取り組みや、アメリカの
大手流通チェーン Walmart に代表されるように商業施設とモビリティ・ハ
ブが一体となったコミュニティを形成していく取り組みも始まっている。こ
れらの取り組みは（Walmart を除き）、いずれも行政が地域の目標を実現し
ていくために主導しており、新しい移動サービスの技術やアセットを持つ民
間企業と連携して進めているものだ（図8）。
　日本においては、カーシェアリングや自転車シェアリング等の個々の取り

図8　コロンバスの連節バス（BRT）と自動運転などが一体となったモビリティ・ハブ計画
（出典：スマートコロンバス）

組みは民間主導で進められているものの、公共政策的な観点で推進されている取り組みは少なく、また、新しい交流拠点を形成していくような取り組みはこれからという段階である。現在、「バスタ新宿」などの大都市の結節点を新しい拠点としていく取り組みがスタートし、また、道の駅に代表されるような中山間地や地方の交流拠点と自動運転バスとの連携なども始まりつつある。今後は、こうした大都市と地方の中間のエリアにおいて、新しい移動サービスと連携した交流拠点を整備していくことが必要であり、立地適正化計画や地域公共交通計画、交通戦略の中でもそれらを新たに位置づけていくことが求められる。その際には、後述するデータ連携と一体で、公的な関与を強めていくことが重要だろう。

　また、自動運転サービスが高速道路からスタートしていくことを想定すると、高速道路と市街地、高速道路と中山間地を結ぶようなIC（インターチェンジ）が、人とモノの拠点としてのポテンシャルが高まっていく。市街地の中まで自動運転サービスが提供されるにはまだまだ時間がかかると言われており、自動運転と非自動運転の接続拠点としての役割を担うのはIC周辺が

考えられるだろう。都市間の在来鉄道の維持が困難な地域が増加するなかで、すでにネットワーク化が進められてきた高速道路のストックをモビリティ・ハブという次世代の交通インフラとして活用する期待が高まっていくと筆者は考えている。

　日本でもスマートシティやコネクティッドシティが本格的に提案されており、今のところ大都市や市街地のイメージが先行しているものの、スマートシティにおけるモビリティ・ハブは、今後、地方都市の再生の手段として政策的にも重要になっていくのではないだろうか。

6　　データ連携をデザインする

　MaaS 時代の交通まちづくりに向けては、まちづくりと新しい移動サービスとの連携がこれまで以上に重要になってくるだろう。今後、民間が主体で進めている都市開発や商業開発などのまちづくりの中に、スタートアップを含め新しい移動サービスを手掛ける企業が連携し、一体で次世代のまちづくりを推進していくことが主流となることは確実だ。すでに、JR 東日本が手掛ける品川駅周辺の再開発、民間企業 9 社と大田区が官民連携で進める羽田イノベーションシティ、トヨタ自動車が計画する東富士のウーブン・シティなどでは、新しい移動サービスを前提とした都市開発が進められている。

　また、特定の街区や民地などのエリアから市街地などの面的なエリアへ徐々に拡大していくと考えられ、その場合には官民のデータ連携が一層重要になってくる。新しい移動サービスの利用実態や安全性、労働環境や他の交通手段への影響等、不透明なインパクト等については、官民でデータを共有しながら、利害関係者がお互いに利害を調整し、サービスを改善していくことが今後求められる。

　日本でもモビリティ革命が本格的に到来した際には、モビリティ革命のス

ピード感と都市開発のスピード感に大きなギャップが生じることになる。ア
ジャイルに新しい取り組みを進めながら、同時並行で新しい移動サービス等
が及ぼす影響を行政側がモニタリングし、民間投資や技術開発を誘導しつ
つ、モビリティ革命と都市開発のスピードを調整していく役割が重要となる
だろう。

　すでにアメリカ・ロサンゼルス市では、「MDS（Mobility Data Specifi-
cation、モビリティデータ仕様）」と呼ばれる官民連携のデータ仕様を 2018
年 9 月に策定しており、行政がまちづくりの調整を担う、次世代の交通ま
ちづくりが始まっている。当初は自転車シェアリングや電動キックボードを
対象として開発されたものだが、その後シアトルでは新しい移動サービスの
データプラットフォームを手がける Populus（ポプルス）と、マイクロモ
ビリティサービスを世界展開している Lime（ライム）が協力し、カーシェ
アリングなども対象としたしくみを開発している。

　MDS では、車両の状態・位置・タイプおよび現在のバッテリー残量（電
気の場合）などに加えて、車両の移動軌跡情報が API を通して行政に報告
される。シアトルの場合には、運営できるエリア、デポの配置等のルールも
詳細に決められており、道路占用許可のように年間の使用料や 1 台あたりの
費用も事業者が行政に支払うことになっている。また、行政に共有される
データはシアトルのワシントン大学が管理運営し、行政と大学とが連携して
新しい時代の移動サービスのマネジメントにも取り組んでいる。

　全米では、こうした MDS が 90 都市以上に普及しており、新たな移動
サービスを企業が実施する場合には、MDS に準拠した形式のデータ提供が
参入企業に求められるしくみとなっている。日本でいえば、開発許可の申請
の際に関連データの提供が実質義務化されているようなものであり、新しい
移動サービスの道路占用許可版のようなしくみと考えるとわかりやすい。

　その後、MDS を全米に拡げていくため、ロックフェラー財団などが支援
し、地方自治体で構成される団体「オープンデータ・モビリティ基金
（OMF）」が 2019 年 6 月に設立されている。OMF では官民でデータを共有
するために、API のデータ仕様や運用ルールなどを定め、自転車シェアリ

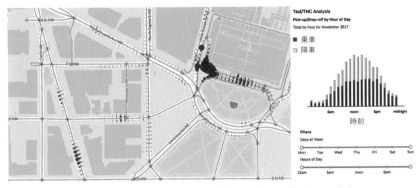

図9　SharedStreets のプラットフォームを用いて配車サービスの乗降状況を可視化
（出典：SharedStreets のデータに加筆）

ングや電動キックボードなどに代表される新しい移動サービスの事業者に協力を求め、データ共有の運営を行っている。車両やポート（移動手段の貸出・返却を行う無人の駐輪施設）のリアルタイムな稼働状況だけではなく、サービスの利用状況なども共有している点は、興味深い。

　また、NACTO（全米都市交通担当官協会）では、気候変動の原因となる道路混雑と二酸化炭素排出量を削減し、街路の効率性を高め、交通事故を減らすため、公共および民間に路肩スペースをマネジメントする新しいツールを 2018 年から提供している。3 章でも紹介したこの「SharedStreets（シェアド・ストリーツ）」と呼ばれる官民連携のデータのプラットフォームでは、自動車会社の Ford、配車サービスの Uber および Lyft が提携し、データの共有を進めている。Uber からは無償で街路の走行速度に関する情報が提供されており、Lyft からは配車サービスの乗降に関する情報が提供されている（図9）。街路の利用実態を官民で共有し、新しい移動サービスに対応した街路空間の再配分や路肩の有効活用を進めているのだ。こうした利用状況をモニタリングしながら、街路空間をアップデートしていく次世代の計画手法は、MaaS 時代の交通まちづくりを推進していく上で必須の技術である。

　さらに、データ連携を推進していく行政部局の体制も進化しており、アメリカのいくつかの都市では新しい移動サービスをマネジメントしていく専門

EVALUATION CRITERIA	BIKE SHARE	SCOOTER SHARE	CAR SHARE	RIDE SHARE	RIDE HAIL	MICRO TRANSIT	COURIER NETWORK SERVICES
OUTCOME METRIC							
1 OPERATIONAL SAFETY Number of collisions per 100,000 service miles	0.8	?	?	?	?	2.2	?
POLICY AND DESIGN FEATURES							
2 OPERATIONAL SAFETY Service avoids in-app messaging and navigation during vehicle operation (during revenue and non-revenue hours)	◎	○	○	⊗	⊗	○	○
3 OPERATIONAL SAFETY Safety training is required and tested	⊗	○	⊗	⊗	⊗	○	⊗
4 OPERATIONAL SAFETY Service has hours of service program for both revenue and non-revenue hours and/ or checks DMV Record Duty of Service log	⊘	⊘	⊘	⊘	⊗	⊘	⊗
5 UNSAFE DRIVING PENALTIES Service penalizes user for speeding, traffic tickets, blocking bicycle and pedestrian facilities, DUIs, reckless driver complaints, and leads to corrective action	⊗	?	○	○	○	○	○
6 PERSONAL SECURITY Service requires background checks of operators	⊘	⊘	⊘	⊗	◎	◎	⊗
7 PERSONAL SECURITY Service provides 24-hour service with a human response in a timely manner	○				◎	⊗	◎

◎：すべての企業で遵守　　○：一部の企業で遵守されていない　　⊗：すべての企業で遵守されていない
⊖：対象外

図10　サンフランシスコでモニタリングされている、新しい移動サービスが安全に及ぼす影響評価の例（出典：SFMTA のデータに加筆）

部署を創設している。たとえば、2015 年にサンフランシスコ市に設立されたイノベーション局は、新しい移動サービスの参入許可、モニタリング、地域の移動環境の改善に取り組んでいる。その中で交通局は「City Transportation Platform」を作成し、10 指針により新しい移動サービスが地域に与える影響をモニタリングしている（図10）。

　10 指針とは、安全、公共交通に与える影響、持続可能性、アカウンタビリティ（説明責任）、労働への影響、障害者への影響、混雑への影響、公平性、財政への影響、コラボレーション、である。モニタリングしているサービスは、自動運転、自転車シェアリング、カーシェアリング、配車サービス、マイクロトランジット、宅配サービス、ドローン等さまざまだ。10 の

指標から、必要に応じて総量規制を行ったり、個別に行政指導なども行っている。配車サービスに関する行政の規制などは日本でも時折報道されたりするものの、アメリカでは他の移動サービスについても同様に行政が主体的に規制を行っている。日本では、自由の国というイメージから、アメリカは事業参入やサービス実施の規制も緩いと思われがちだが、現実には厳しい監視の下で新しいサービスを育成しているのだ。

7　データ駆動型で街をデザインする

　今後は、モビリティ革命が人々の生活や移動にどのような効果をもたらすかについて、科学的なアプローチによって効果を検証し、市民や利害関係者に丁寧に説明していくことが求められる。従来の都市開発と同様、発生する人の移動量から、想定する交通手段、加えて物流の発生需要などを計画量として設定する。そして、地域で目指していく都市像を描き、開発エリアに必要となる施設の種類・規模が算定される。従来の都市開発と異なるのは、想定する交通手段、そのために必要となる施設であろう。

　たとえばGoogleの子会社Sidewalk Labsが進めていたカナダ・トロントのスマートシティの開発では、居住者に対して公共交通や徒歩、自転車、自動運転による配車サービスがメインとなるライフスタイルを提案しており、自転車シェアリングのデポ、配車サービスの乗降空間、自動運転の配車サービスの動線が計画に盛り込まれていた（3章参照）。

　開発需要や想定する交通手段の割合により、周辺街路に与える影響が異なることから、Sidewalk Labsでは公共交通とマイカーの混合状況や公共交通の専用空間の意義、ダイナミックな路肩運用などの効果について、オープンソースのミクロシミュレーション「SUMO（Simulation of Urban Mobility）」を用いてさまざまなケースを事前に検証している。

　また、Sidewalk Labsでは人間中心の都市開発を提案しており、スーパー

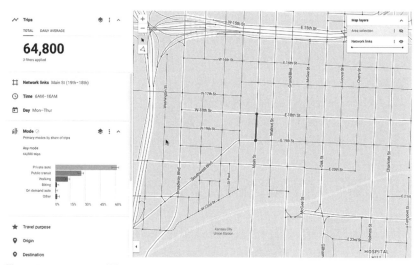

図 11　Sidewalk Labs が開発したシミュレーション・ツール。区間を指定すると、交通量や利用手段、利用目的などが可視化される （出典：Sidewalk Labs）

　ブロック（大街区）により歩行者を優先した街路デザインの効果についても事前に検証している。スーパーブロックとは、碁盤の目状に構成された街路で囲まれたエリアを歩行者や自転車等が中心の空間に再構成する取り組みであり、近年スペイン・バルセロナで導入されて大きな話題となっている手法だ。

　また、現状の街路空間がどのように利用されているかを理解しておくことも重要だ。ブラウンフィールド（産業構造の変化で用途転換が進まない遊休地）で街路空間の再編などを行う場合には、沿道や地域との調整協議をし、その街路がどのような道路特性になっているかを把握しておく必要がある。これまでは定点観測などで交通量を観測するといった法法が一般的だったが、ビッグデータを活用した取り組みも始まっている。

　たとえば、Sidewalk Labs が開発したシミュレーションでは、区間ごとの交通量だけでなく、当該区間を利用する人の主な移動目的や移動手段の推計結果が可視化される（図11）。このシミュレーションは、時間帯や曜日のほか、さまざまな変動特性にも対応しているので、住民との合意形成におい

て強力なコミュニケーションツールになる。「歩道の拡幅がなぜ必要か?」「ここに自転車レーンがなぜ必要か?」といった疑問に、科学的な根拠に基づいて説明でき、定点観測のコストをかけずに、エリア全体の区間ごとの状況を事前に準備ができることも大きなメリットだろう。

　日本でも、国土交通省都市局がスマートシティや都市の空間再編の影響を事前に評価できる「スマート・プランニング」というツールを開発している。個人単位の行動データをもとに、人の動きをシミュレーションし、施策実施の効果を予測した上で、施設配置や空間形成、交通施策を検討するツールである。従来は、教育文化施設(公民館、図書館等)や医療福祉施設等の立地を検討する場合、人口分布や施設の立地状況等から概ねの位置を計画し、当該地区内の公有地や遊休地等の状況をもとに立地を検討してきたが、地区内のどこが最適かという観点からの計画手法は十分ではないという課題があった。

　それに対して、スマート・プランニングでは、ビッグデータを活用して、個人の移動特性を把握し、施設配置や道路空間の配分を変えたときの「歩行距離」「立ち寄り箇所数」「滞在時間の変化」などから最適な施設の立地を検討することが可能だ。また、ワークショップなどで具体的なデータを示しながら市民に説明することが可能になり、施策検討の「見える化」が促進されるメリットもある。新しい移動サービスが提供された場合の人々の行動特性の変化や影響をスマート・プランニングで把握できるようになれば、施設立地を検討する際に交通とまちづくりが一体となった事前評価に応用することも期待できるだろう。

8　都市開発と移動サービスを一体でデザインする

　日本は、自動運転の社会をイメージすることが難しい国の一つだ。稼働しているサービスや実証実験がまだ少なく、国民にその価値や意義を理解して

もらう機会が少ないからだ。

　アメリカ・シリコンバレーに行けば、電気自動車（EV）が数多く走行しており、自動運転の実験車に遭遇することも多い。日本では、自動運転について、運転が楽になり、車内で利用者がくつろいでいる程度のイメージしか浸透していないのは、実に残念である。本書で繰り返し述べているように、自動運転やMaaSはあくまで手段であって、目的ではない。その先にどのようなライフスタイルが訪れ、生活の質が改善し、幸福感や生きる喜びが感じられるかを政策立案者が語っていくことが必要だろう。

　自動運転が先行して導入されていくのは、まずは鉄軌道や新交通などからだろう。走行する空間が他の車両と分離されており、それでも多くの課題があるものの、道路上で自動運転車を走行するよりは技術的にクリアすべき課題も少ない。

　シンガポールや先に紹介したカナダ・バンクーバーは、世界的に見ても自動運転の社会を先行しているトップリーダーである。シンガポールでは、MRTと呼ばれる地下鉄はすべて無人運転であり、MRTと接続する大規模団地等を結ぶ新交通システムも無人運転である。また、シンガポール島の南に位置するセントーサ島と連絡するモノレールや島内のモノレールやゴンドラなどもすべて無人運転だ。今回のパンデミックにおいては、公共交通機関の運転手の感染が大きな問題となったものの、ここシンガポールではそのリスクがない。

　また、MRTと大規模団地を結ぶ新交通は、1両編成で30秒ごとに運行することで、待ち時間を極力少なくした自動化ならではの運営を実現している。無人化することで、運行頻度などのサービス向上が期待できるという話は日本でも一般論としてはされるものの、自動運転の実証実験などではそのようなサービス向上の実証はまだ行われておらず、市民が自動化のメリットを実感できないでいる。

　さらにシンガポールでは、「Smart Nation Singapore（スマート・ネーション・シンガポール）」と呼ばれる、次世代の都市開発を国家プロジェクトとして進めており、7カ所で事業が進行中だ。その中で、2022年には、

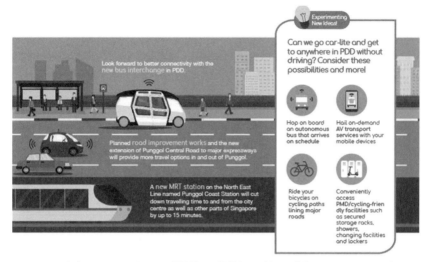

図12　シンガポールのスマートシティ開発地区で提供される新しい移動サービスのイメージ
（出典：Punggol digital district）

　自動運転などの新しい移動サービスと一体となった都市が2カ所開業する予定である。その一つ、「Punggol digital district（プンゴル・デジタル地区）」においては、従来のような大学や複合施設等が一体となった都市開発に加えて、自動運転バスやオンデマンド型交通、自転車シェアリングや電動キックボードなどの小さな交通を一体化し、これらを MaaS で統合するまちづくりを推進している（図12）。ここでは、都市開発と移動サービスを一体で進めるという新しい時代の交通まちづくりがすでに始まっている。

　自動運転の技術をまちづくりに援用していくことで、従来の都市開発の計画内容や実施プロセスにも影響を与え、その結果、地域全体の駐車場に対する開発負担を縮減でき、オフィス空間や居住空間、オープンスペースが拡張でき、地球温暖化への貢献にも寄与する可能性がある。

　現在、自動車会社の Audi（アウディ）はアメリカ・マサチューセッシュ州サマービル市と提携し、新しい交通まちづくりを進めている（図13）。この取り組みでは、3章で紹介したような自動運転の駐車技術を使うことで、エリア全体の土地利用を変えることが提案されている。従来の計画では車の

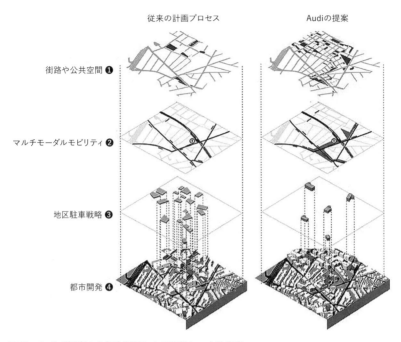

従来の計画プロセス　　　　　Audiの提案

街路や公共空間 ❶

マルチモーダルモビリティ ❷

地区駐車戦略 ❸

都市開発 ❹

図 13　Audi が提案する都市開発における新しい土地利用 _(出典：Audi のデータに加筆)

スペースが 50%、居住用スペースが 20%、業務用スペースが 30%必要であるのに対して、Audi のアプローチでは車のスペースを 20%にでき、その分、居住用スペースを 40%、業務用スペースを 40%にし、開発コストも抑制できるという。駐車スペースを他の用途に利用できることで、開発計画も公共空間や街路空間のデザインから始められるとしている点も興味深い。

　いよいよ日本でも都市開発と移動サービスが一体となった実験都市「ウーブン・シティ」がトヨタ自動車主導で 2021 年から着工される。モビリティ革命の進展に応じて都市を柔軟に "カイゼン" していく「未完成の都市」がコンセプトだ。日本の長年の課題である居住環境をモビリティサービスで改善し、事故とは無縁の都市を実現する新しいまちづくり、次の時代を創る100 年が始まろうとしている。

withコロナ時代のMaaS

2020年の新型コロナウイルスのパンデミックを契機に、世界では新しい移動サービスが加速しており、国家レベルの「グリーン・リカバリー（緑の復興）」による交通投資が数兆円規模で始まっている。「グリーン・リカバリー」には、パンデミックの経験を契機として温室効果ガスの削減に貢献する投資や事業を加速していくという強力なメッセージが込められており、従前の交通サービスに戻すのではなく、持続可能な社会を実現する政策を推進していくものだ。

　たとえば、ドイツではすべてのガソリンスタンドに電気自動車（EV）向けの充電スポットの設置を義務化し、ドイツやフランスでは電気自動車の普及を補助金によって促進していく方針を表明している。また、フランスでは経営危機に直面する Air France（エールフランス）を国が救済する条件として、250km 以下の短距離区間での航空便を廃止して鉄道に代替することを条件にするなど、地球温暖化を抑止する政策を一気に進めている。

　またパンデミックが継続している世界各国で、アジャイルかつレジリエントな移動サービスとして、MaaS の価値が一層高まり、官民挙げて移動の回復に取り組んでいる。たとえば、公共交通単体での機能が大きく低下するなかで、新しい移動サービスがそれらを補完し代替することで、地域全体の移動サービスの水準を低下させないような対応がなされてきた。

　本章では、ロックダウン中に生まれ、また、ロックダウン後からさらに加速した世界のモビリティ革命、モビリティ再起動の最新動向を紹介するとともに、with コロナ時代の MaaS に向けた筆者なりの考えをとりまとめた。

1　　パリ：グリーン・リカバリーの先進都市

1）イダルゴ市長の仰天復興プラン

　ロックダウン解除後のパリは、これまでのパリのイメージを根底から覆

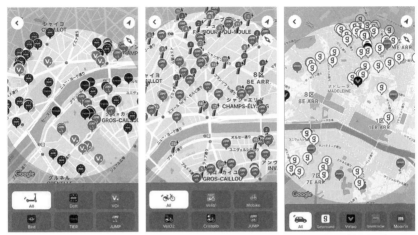

図1　MaaS アプリ「Citymapper」で見たロックダウン解除後初日のパリの様子（左：電動キックボード、中央：自転車シェアリング、右：カーシェアリング）

す、クリーンな新しい街に生まれ変わりつつある。2020 年 5 月 11 日の解除日から電動キックボード、自転車シェアリング、カーシェアリング等の新しい移動サービスが本格的に再稼働した（図1）。さらに、地下鉄などの密集を緩和するため、バスの増便、自転車レーンの拡充（地下鉄に平行する 50km のレーンを新設）、歩行者空間の拡充などの復興プランが次々に実施されてきた。解除後の最初の週末には、自転車シェアリングの利用が 10 万回を超え、9 月の週末には 20 万回を超える路線も出現したそうだ。

　大胆な計画をわずか数日で実行したのが、パリ市初の女性市長アンヌ・イダルゴ氏だ。2014 年に市長に就任した直後から、地球温暖化の解決に向けたパリの大改造を掲げ、人間中心のまちづくりを提案、セーヌ川沿いの自動車道を歩行者天国にし、幹線道路の 1 車線を自転車レーンに変更するなど、次々と街路の改変を手がけてきたことでも有名だ（5 章参照）。

2）一晩で生まれた 30km の自転車レーン

　2020 年 5 月 11 日には、移動を回復するための「復興計画（リカバリープ

ラン）」を市が提案、翌日にはサンミッシェル大通りの一部を自転車レーン
に変更し、翌13日にはなんと一晩で地下鉄と平行する街路などを対象に、
車道と分離した30kmの自転車レーンが登場した。翌14日には自転車で通
勤するイダルゴ市長がマスコミの取材を受ける様子が全世界に放映され、大
きな話題となった。

　欧米では、このような暫定的に整備する自転車レーンのことを「Pop Up
（ポップアップ）自転車レーン」と呼ぶ。まるで絵本から飛び出したかのよ
うな、そんなイメージだ。その後、パリに続けとばかりに、同様の動きがフ
ランス全土に拡大し、ドイツやイタリア、イギリスなどでも次々にPop Up
自転車レーンが拡がっている。

　そしてロックダウンからわずか数週間で、パリはオランダと見間違えるほ
ど、自転車や電動キックボードが行き交う街に変貌を遂げた。1日に1万台
を超える通行量の区間も出現し、ピーク時は自動車よりも自転車の方が多い
街路も登場している。

　今回の復興計画は、ロックダウン後に増加が想定される自動車利用を事前
に徹底的に抑え込み、また、自動車需要が回復する直前の道路が空いている
時期に、タイミングを逸することなく一気に実行に移された。この英断は、
市民に多様な移動の選択肢を増やすことに今のところ成功したと言ってよい
だろう。移動における感染のリスクを軽減しながら、安心して走行できる空
間を確保し、移動需要の回復、グリーンなモビリティの需要を増やすこと
で、グリーン・リカバリーの実現に邁進している。

3）MaaS アプリが移動を後押し

　また、2020年4月のロックダウン中もMaaSアプリは休止することなく、
エッセンシャルワーカーなどの移動を支えてきた。パリでは、ロックダウン
中も地下鉄やバスは5割ほどの減便で運行を続けており、日々変化する運行
計画をMaaSアプリが反映しサービスを続けてきた。

　パリでは、5章で紹介した、電動キックボードや自転車シェアリング、

カーシェアリングに加えて、電動バイクシェアリングや Uber 等の配車サービス、既存の地下鉄や近郊鉄道、路線バスのすべてを網羅した「Citymapper」が MaaS の代表選手だ。パンデミックにおいては、一つの移動サービスが休止や低下しても他のサービスの情報が提供され、市民の移動を止めないレジリエントなサービスとして MaaS の評価が高まった。その Citymapper は、パンデミック中に人々の移動量を指標化したレポートを無償で提供し、地域の政策判断などでも重要な役割を果たしてきた（p.53、図 19 参照）。

　beyond コロナ時代においては、多様な価値観に訴求するさまざまな移動サービスとそれらを統合した強靱な MaaS の実装が、スマートで持続可能な都市の必須要件になるのではないだろうか。

4）日常を取り戻しつつあるパリ

　ロックダウンが解除されて 1 カ月を過ぎた 6 月のパリは、徐々に日常を取

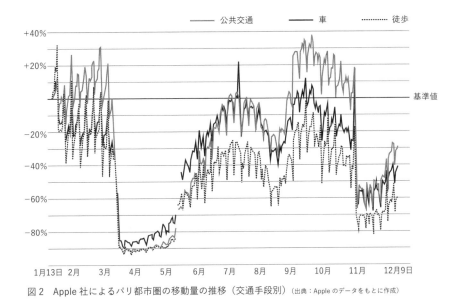

図 2　Apple 社によるパリ都市圏の移動量の推移（交通手段別）(出典：Apple のデータをもとに作成)

図3 フランスの格安新幹線。パンデミック後の都市間移動の主役として期待される

り戻しつつある。市内の自動車交通量はロックダウン後に倍増しており（MaaS 事業者 Here（ヒア）社報告）、Apple 社のデータからも 6 月から 11 月にかけては人々の移動量がロックダウン実施前の状況まで回復しつつあることがわかる（図 2）。自動車だけでなく公共交通の利用も回復している点は、他国の公共交通利用が停滞しているなかで特徴的な傾向だ。公共交通利用時にはマスク着用を義務化（罰則あり）し、バスの増便、停留所での消毒液の設置といった安全対策を徹底したことが功を奏しているのであろう。

　一方でフランスの航空産業は大きなダメージを負い、Air France はフランス政府から鉄道代替手段のある区間での短距離便の廃止を条件に、70 億ユーロ（約 8400 億円）の融資を受けることとなった。今後、フランスでは新幹線（TGV）が都市間移動の主役となっていくのは確実だろう（図 3）。

5）路上駐車スペースが飲食店の崩壊を救う

　パリは、ロックダウン解除後、2020 年 6 月 2 日から屋外に限って飲食を解禁したことで、さらに移動量が増加しているようだ。6 月 15 日からは屋内での飲食も可能となり、全面解禁となった。解禁にあたっては、飲食ができる空間を安定的に確保するため、市が許可した特定エリアに対し、路上駐

図4　路上駐車スペースを飲食店に開放したパリ（出典：アンヌ・イダルゴ市長のツイッター）

車スペースでの飲食店営業を可能にした（図4）。これまで道路にあふれて
いた駐車車両のための空間を、飲食店の崩壊を抑止するために利用するとい
う発想だ。店舗の目の前の公共空間である街路を人々の憩いの空間とし、安
心して外出できる環境を行政が先導して整備した形だ。

2　　高雄：コロナ禍でMaaS利用が急増

1）都市封鎖なし、外出自粛要請なし

　台湾の高雄市では、コロナ禍で都市封鎖や外出自粛要請を行うことなく、
日常の社会活動を続けている。都市圏人口は約280万人の大都市であり、
台湾南部の港湾都市としても有名だ。2003年に発生したSARS（サーズ、

重症急性呼吸器症候群）の教訓を活かし、徹底した公衆衛生対策と市民の高い防疫意識により、200 日以上にわたって感染症ゼロを継続している注目の都市だ（2020 年 10 月末時点）。

　市民に対しては、外出時のマスク着用、頻繁な手洗い、目・鼻・口を手で触らないこと、検温、ソーシャルディスタンス（社会的距離）1m の確保等、感染しない／感染させない対策を徹底してきた。6 月 7 日からは防疫措置を緩和し、公共交通ではソーシャルディスタンスを確保できる場合にはマスクを外してもよいとしている。加えて、各種イベントおよび飲食店、スーパー、夜市等の人数制限も解除されている。

　またコロナ禍においても、子供たちは学校に通い、人々は職場に出勤して経済活動を行うなど通常の生活を送っている。

2）コロナ禍で躍進した高雄の MaaS

　高雄市内には、高雄メトロ（MRT）、バス、LRT（次世代路面電車）、自転車シェアリング（CityBike）、タクシーなどが運行し、2017 年にはエコモビリティ世界大会の議長国を務めるなど、持続可能な環境都市としても世界的に高い評価を受けている。

　コロナ禍においても、公共交通利用は 30％の減少にとどまり、世界中で公共交通利用が激減したことを考えると減少幅は小さいと言える。ただし、観光客も利用する地下鉄は半減した時期もあったそうだ。一方で、市民の足として定着している路線バス利用は 20％減にとどまっており、1 月以降は自転車シェアリングが増加傾向にあるそうだ。

　高雄市では、2018 年 10 月から「Men-Go（メンゴー）」と呼ばれる定額乗り放題の MaaS をスタートさせている。Men-Go では 4 種類の乗り放題サービスが用意されているが、その中に高雄メトロ（MRT）、バス（7 事業者）、LRT、自転車シェアリング、タクシーをパッケージして乗り放題とし、アプリと交通系 IC カード（スマートカード）で利用できる次世代交通サービスがある。市が MaaS を推進し、MaaS のプラットフォームは民間事業

図5　移動需要の回復を狙いとして定額乗り放題の価格を最大50％割引したMen-Go
（出典：高雄市交通局）

者（中冠社）が開発、官民がうまく連携した取り組みだ。

　前述したように、コロナ禍で公共交通需要は減少したものの、Men-Go
の利用者の公共交通需要の減少はわずかだったそうだ。さまざまな移動サー
ビスがデジタルで統合され、選択肢が広がった新たなサービスが市民に評価
されたことの表れだろう。

　市ではこのような結果を受け、新たに2020年3月末から9月末までの半
年間、定額運賃を最大50％割引とし、移動の回復を支援した取り組みを始
めた（図5）。これにより、なんとわずか1カ月でMen-Goの利用者が10％
程度増加したそうだ。

3）感染予防を徹底し、安全な移動サービスを提供

　台湾では、公共交通利用時にマスクの着用を義務づけており、違反者には
罰金が科せられる運用を行っている。罰金は3000～15000台湾ドル（約1
～5万円）と高額だ。日本と同様に交通系ICカード（スマートカード）の
普及が進んでおり、コロナ禍ではカードの利用を推奨している。車両の消毒
も徹底しており、地下鉄は1時間に1回、バスは1循環するごとに1回、消
毒液による清掃を行っている。

　台湾といえば、脚光を浴びたマスク配布システムに代表されるデジタル行

図 6　検温とゲートが連動した高雄の最先端の改札（出典：高雄市交通局、JCOMM 公式サイト）

政で知られるが、交通機関にも最先端のデジタル技術が導入されている。高雄市では新幹線や地下鉄の改札口の上部に検温器があり、発熱した人が通過しようとするとゲートが開かないしくみとなっている（図6）。導入までのスピード感もさることながら、利用者の安心を確保する取り組みの徹底ぶりには驚かずにはいられない。

　17年前のSARSによる経験は交通事業者にしっかりと受け継がれており、今回のコロナ禍においては行政機関にいち早くノウハウが共有されたとのことだ。行政の強いリーダーシップにより安心して移動できる物理的な環境と心理的な環境が整えられ、その結果、人々は移動を止めずに経済活動を続けている。今からでも決して遅くはない。日本でも高雄市の取り組みに学び、アジャイルに実践していってはどうだろうか。

3　感染症リスクを考慮した MaaS が始まる

　今回のコロナ禍により、感染症リスクに対応した新しい移動サービスやMaaSが世界各地で始まっている。そのいくつかを紹介していこう。

1）エッセンシャルワーカーの移動支援

　世界中で街がロックダウンしている中でも、ライフラインの維持に欠かせない、いわゆる「エッセンシャルワーカー」の人々の移動を支える果敢な取り組みが行われてきた。

　エッセンシャルワーカーとは、医療従事者、公共交通の従業員、スーパー・薬局や物流の従業員、警察、消防士、ゴミ収集作業で働く人たちなどだ。アメリカでは、2020年3月19日に国土安全保障省が、医療、食料農業、エネルギー、交通や物流など16分野185項目の職種を「エッセンシャル・クリティカル・インフラストラクチャア・ワーカー（Essential Critical Infrastructure Workers）」と明確に定義し、エッセンシャルワーカーの移動支援を続けている。

　このコロナ禍においては、世界中で鉄道や路線バス、新しい移動サービスが医療従事者をはじめ、エッセンシャルワーカーの人々の移動を支えてきた。アメリカでは、果敢にコロナと戦うこれら交通事業者の人々を「ヒーローたちを運ぶヒーロー（#Heroesmovingheroes）」として称賛し、UITP（国際公共交通連合）では「移動の守護神」として彼らの活動をレポートし続けている。

公共交通事業者の取り組み

　アメリカのマイアミ地域を所管する交通公共事業省（DTPW）は、配車サービスのUberおよびLyftと提携し、深夜帯（午前0～5時）にエッセンシャルワーカーの移動を支援する取り組み「Go Nightly（ゴー・ナイトリー）」を開始した。公共交通機関の運行時間を日中のみに制限し、夜間の運転手を日中の時間帯に振り分け、深夜時間帯の移動の支援は配車サービスで補完するものだ。利用者はUberまたはLyftの専用アプリか専用ダイヤルに電話することで、配車のリクエストができる。運行ルートは従前のバスルートと同じで、2回まで無料で利用できる。車椅子用の車両も依頼できるそうだ。

一方、ベルリン市交通局（BVG）が運営しているオンデマンド型交通サービス「BerlKönig（ベルケーニッヒ）」は、コロナ禍で通常の運行を中止し、その代わりに夕方や夜間の医療従事者向けに移動サービスを提供した。自動車メーカーのDaimler（ダイムラー）とスタートアップのVia（ヴィア）社が展開するViaVAN（ヴィアヴァン）社が、この間、運行を担ってきた。パンデミック以前は約150台のDaimlerの車両（多くは電気自動車）がベルリン市の東側を営業エリアとして運行していたが、2020年5月27日からは感染症の予防対策を徹底し、定員3名で通常運行を再開している。

配車サービス事業者の取り組み

　配車サービスのGrab（グラブ）、Uber、Lyftなども医療従事者などの送迎サービスを強化した。シンガポールを本拠地とするGrabは東南アジア最大の配車サービスを展開しており、シンガポールで病院への送迎サービス「Grab Care（グラブ・ケア）」を通常のメニューに追加、主要な医療機関すべてを対象とし、医療従事者の専用送迎サービスを実施した。このような重要な役割を担うドライバーの使命感も高かったという。

　Uberは、「Uber Health（ウーバー・ヘルス）」という患者の自宅と医療施設間の移動、および医療従事者の自宅と医療施設間の移動を支援するサービスをパンデミック以前から提供してきた。アメリカでは、国内最大の医療組合の一つである1199SEIUと提携し、パンデミックの影響が大きい地域に対して医療従事者を最前線で支援した。またロンドンでは、NHS（国民保険サービス）のスタッフに20万回の無料乗車サービスを提供、スペインでは自家用車の所有者が医療従事者に車を貸し出すサービスを支援している。さらにバングラデシュでは、地元のNGOと協力して、医療スタッフに配車サービスを提供した。

　新型コロナウイルスの流行が拡大していくなか、配車サービスは厳しい経営状況が続いていると聞く。そのような状況下でも、車両とドライバー、乗客をITで結びつけるプラットフォームを活かし、医療従事者等のエッセンシャルワーカーを支えていく姿勢には頭が下がる思いだ。

電動キックボード事業者の取り組み

　電動キックボードのシェアリングサービスを提供している企業も、医療従事者などのエッセンシャルワーカー向けの無料の移動支援を行った。Lyftは、アメリカ6都市で無料のサービス提供を期間限定で行った。対象地域は、オースティン、デンバー、ロサンゼルス、ワシントンD.C.、サンディエゴ、サンタモニカで、1回あたり30分までを無料とし、利用回数に制限はないそうだ。病院周辺に多めに車両を配備し、清掃や消毒の頻度を従来よりも増やしたという。

　一方、ベルリンを本拠地とし欧州で最大のシェアを誇るTIER（ティア）社は、2020年4月からエッセンシャルワーカー向けに無料の乗車サービスを開始した。開始2週間ほどで約3.3万回の利用回数があり、利用時間は55万時間に及ぶという。62%が医療従事者、19.3%が食品や商業の従事者だそうだ（図7）。1割弱が警察の利用という点も興味深い。

　パンデミックが進行し、公共交通機関によるサービスを継続していくことが困難になりつつあるなかで、世界では新しい移動サービスが必要不可欠な移動（エッセンシャルトリップ）を支えてきた。ロックダウン解除後においては、これらのサービスが加速している状況が各地で生まれている。

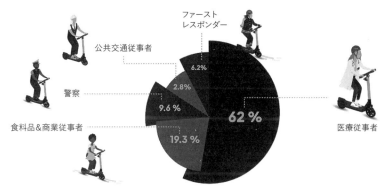

図7　TIER社によるエッセンシャルワーカー向けのサービス利用者の属性（出典：TIERのデータに加筆）

誰もが自動車を所有し利用できるわけではない。それは日本も同様だ。金沢ではバス運転手の感染により一部の地域でバス輸送がストップする事態が生じ、東京の都営地下鉄でも運転手らの感染により減便する事態が生じた。

　また、日本では、多くの乗り換え案内アプリがパンデミック期間中の減便や運休などに十分に対応できなかった。そんななか、日本で初めて福岡で本格的に運用されている MaaS アプリ「my route（マイルート）」（1 章参照）は、減便などの状況を反映し、サービスを継続してきた。さまざまな移動サービスがデジタルで連携していることで、特定の交通手段が減便や休止を余儀なくされたとしても、代替ルートや代替手段の情報が提供され、市民の移動を支え続けている。

　こうした取り組みの根幹には、パンデミックが進行し、公共交通機関のサービスを継続していくことが困難に陥りつつあるなかで、アジャイルに新しい移動サービスと連携し、一定水準の空間や時間のサービス（たとえば夜間にバスで供給が確保できなくなった際にタクシーで充当するというように、大量輸送と個別輸送を時間や空間でうまく組み合わせるなど）を確保し、必要不可欠な移動を支えていこうというレジリエントな発想がある。

2）混雑を回避する移動経路・手段の情報提供

　北米やオーストラリアを中心に世界 10 カ国 228 の都市で MaaS を展開しているグローバルプロバイダーの Transit（トランジット）社は、パンデミック下でリアルタイムに収集されるバスの乗降情報をもとに、バスの混雑状況を 6 段階で表示するサービスをいち早く追加した（図8）。満員／非常に混雑／立ち席のみ／数席着席可／複数着席可／空いているの 6 段階で指標化し、バス事業者から受信した時刻の鮮度も合わせて（バスの通信環境等により GPS の位置や時間自体にタイムラグ等が発生することが想定される）、バスの走行位置に情報を追加している。バスのリアルタイムな乗降情報が提供されているオーストラリアのシドニー、アメリカのオークランド、スプリングフィールド、モデストほか 10 都市から開始した。

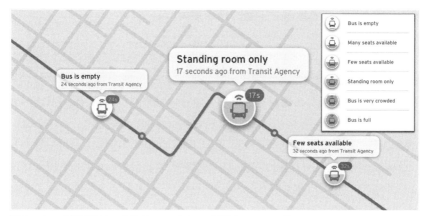

図8　バスの混雑状況を6段階でリアルタイムに提供するTransit社のサービス （出典：Transit）

図9　シドニーでは公共交通機関の疎密情報をリアルタイムで公開しており、車両にカーソルを移動するとその車両の遅延状況・疎密状況が表示される （出典：AnyTrip）

　また、オープンデータが進んでいるシドニーでは、街中を走行する公共交通機関の疎密状況が公開されている（図9）。行政はロックダウン後の感染リスクをこれらの情報からモニタリングし、増便の対応等の運行サービスの改善に役立てている。

3）日本でも始まった混雑回避の情報提供

　国土交通省では、2020年度の二次補正予算の中で地域公共交通における感染拡大防止対策として138億円を予算化し、対策の中に車内等の密度を上げないように配慮した運行等の実証事業支援を盛り込んだ（国土交通省、2020年5月27日記者発表）。国主導で疎密情報の提供を推進していく取り組みだ。

　また、国に先行して、すでに各自治体、民間事業者が取り組みを始めている。大分市では、20年6月からグリーンスローモビリティ車内のカメラ画像をもとに混雑状況を把握する実証実験が始まった（図10）。また、神戸市交通局が運行している新交通システム「ポートライナー」でも、カメラ画像による混雑状況を「イイことぐるぐる」という専用アプリで6月から配信している。さらに横浜市交通局では、交通系ICカードのデータから車両の混雑状況を推計し、バスの接近情報と合わせて混雑の程度を3段階で利用者に提供している。日の丸リムジンが東京で運行している巡回バス（丸の内シャトル、メトロリンク日本橋、東京ベイシャトル）では、車両の乗降センサーの情報から混雑度を把握し、車両の走行位置情報とともに提供している。このように画像データや交通系ICカード、乗降センサーなどから混雑情報を把握する方法が一般的であるが、岡山に本社のある宇野バスでは、運転手が混雑状況を通知する低廉で迅速に導入可能な方法で試行を開始している。

　また静岡では静岡鉄道と静岡市等が官民連携で実施する「しずてつMapS！」

図10　大分市で実証運行中のグリーンスローモビリティの車内混雑状況の表示（出典：大分市）

というMaaS実証実験（2020年11〜12月）の一環で、鉄道の混雑回避を促す次世代の交通サービスに取り組んでいる。具体的には、「座席に座れる程度」「ゆったり立てる程度」「肩が触れあう程度」の3ランクの混み具合に応じ、3種類のクーポンが用意され、駅に設置したモニターからQRコードを読み込むことで電子クーポンを取得できるしくみだ。クーポンは市内約80店舗で利用できる。商店や飲食店などへの集客効果をもたらす移動と商業が連携した取り組みであり、MaaSを通して人々の行動変容を促すサービスとして期待できるものだ。

　リアルタイムな疎密情報だけでなく、直近のデータから履歴情報を提供し、混雑を回避する時差行動を促す取り組みも日本各地で始まっている。地域や沿線の特性によっては、履歴情報が移動に対する安心感を与えていく上で十分な場合もあるだろう。さらに、GoogleやYahooの経路案内に車両や駅の混雑情報を案内するサービスは日々進化している。

　withコロナ時代のMaaSでは、疎密情報やトレーサビリティ（追跡可能性）、予約やキャッシュレス決済など移動の安心を支えるサービスの価値が一層高まっていくことになるだろう。

4　　人間中心に都市をアップデートする

　2020年に発生したコロナ禍が長期化するなか、社会的距離を確保しながら、都市活動を持続していくために、街路を車両通行止めにし、歩行者や自転車に積極的に開放することで、人間中心の都市空間へアップデートする実践が始まっている。本章の冒頭で紹介したパリの取り組みはその代表例だが、パリ以外にも世界各地で歴史的な「街路革命」が起きている。

　ニュージーランドは、世界でも早期にパンデミックの終息宣言をした国の一つである。ロックダウン解除前の時期から、感染リスクを抑えながら都市活動を継続していくために戦略的なリカバリープランを準備しており、ジュ

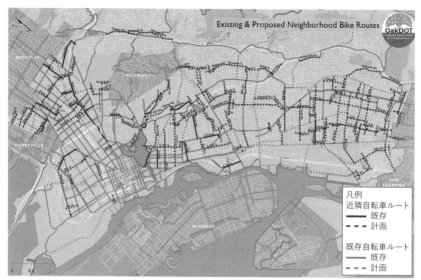

図 11　120km に及ぶ一時的な道路封鎖を実行しているオークランド
(出典：Amy Graff（2020）See the map of Oakland's 74 miles of closed streets に加筆)

リー・アン・ジェンター交通大臣の下、ロックダウン解除後には速やかに実行に移された。都市活動の警告をレベル１（準備）、レベル２、レベル３（制限）、レベル４（ロックダウン）として設定し、都市内および都市間の移動の制限レベル、鉄道やバス、タクシーなどの交通手段ごとの基準などが、詳細に規定されている。また、電動キックボードや配車サービス等の新しいモビリティサービスの運用についても規定されている。

　ニュージーランド以外にもこの間、時限的に自動車を通行止めにし、道路を歩行者や自転車に開放する取り組みが世界各地に拡がっている。アメリカ・カリフォルニア州オークランドでは、2020 年 4 月から約 120km（74 マイル）の道路を封鎖した（図 11）。これは、市内を走る道路の約 10％に相当するが、居住者や配達、緊急車両の通行は従来通り通行可とし、日常生活に支障がないように配慮もされている。オークランド以外にも、ウィーン、ミネアポリス、デンバーをはじめとして世界各地の数百の都市で一時的に道路を封鎖し、歩行者や自転車の空間として開放されている。

その他、イギリス交通省では暫定的な交通規制命令のガイドラインを発行し、街路を一時的に封鎖し、歩行者や自転車に開放できるようにした。4月20日からは、ブライトンの海岸沿いの街路を午前8時から午後8時まで封鎖した歩行者天国が始まっている。その後、5月にはロンドンのシティ地区などでも道路を封鎖した取り組み「ストリート・スペース・プログラム」が進められている。

　一方、ニューヨークでは、ビル・デブラシオ市長が、公園などでの人々の密集を解消するため、一部の街路を試験的に歩行者に開放すると2020年3月に発表し、3月27〜31日までの4日間（午前10時〜午後7時）、歩行者天国が実施された。ニューヨークでは、夏期の「サマーストリート」を10年以上にわたり実施し続けており、歩行者天国は健康増進に寄与するというイメージが市民にも定着している。このような経験があり、即決即実施に至ったのだろう。4月17日の市議会では、議長のコリー・ジョンソンと議員のカリーナ・リベラが、新型コロナウイルス感染拡大の際に歩行者や自転車に街路空間を開放するための法律を提案し、多くの支持を得た。その後、市全体で約160km（100マイル）の歩行者天国の導入が可決された。

　ニューヨークでは、段階的に感染症関連の規制を解除しているものの、ロックダウン解除後もレストランなどでは店内での飲食は禁止の措置などを行ってきた。その代わり、先の歩行者天国が飲食可能な「オープンレストラン」として運用されている（p.7上写真および下図）。歩道や路肩などをオープンダイニングなどに利用していくという発想を超えて、街路全体をレストランとして運用していくという大胆な発想であり、街路とは誰のためにあるのかを考えさせられる、歴史的な出来事となりつつある。運用期間は何度か延長され、さらに同様の取り組みを2021年6月から行うことも表明している。

　また、世界中でこの間、自転車利用が急増しており、エッセンシャルワーカーの安全な移動を確保するために、街路空間の一部を自転車レーンに変更する取り組みは、冒頭で紹介したパリ以外にも世界各地で始まっている。南米コロンビアの首都ボゴタでは、既存の550kmの自転車レーンに加えて、さらに76kmの道路の一部を自転車レーンとした緊急対策を実施した（図12）。

既存自転車ルート(550km)

時限的自転車ルート(76km)

図12　コロンビアの首都ボゴタでは、一時的な自転車レーンを創出し、エッセンシャルワーカーの安全な移動を支援している（出典：Sarah Wray（2020）Bogotá expands bike lanes to curb coronavirus spread に加筆）

　一方、ドイツの首都ベルリンでは、コロナ終息後も視野に入れながら、市主導で一時的に自転車レーンを確保するガイドラインを発行している。ガイドラインの発行と合わせて、市内には先述の Pop Up 自転車レーンを導入しており、暫定利用ではなく恒久的に空間利用を再編する動きも活発だ。

5　　with コロナ時代の MaaS に向けて

1）フィジカルとデジタルを融合したレジリエントな移動

　2020 年のパンデミック下で、世界中でさまざまな交通が統合された MaaS

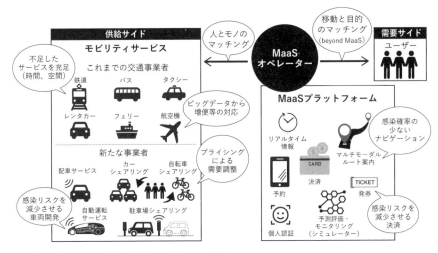

図13　with コロナ時代に求められる MaaS の機能
（出典：日高洋祐ほか（2018）『MaaS：モビリティ革命の先にある全産業のゲームチェンジ』に加筆）

の価値が一層高まっている。移動サービスの運行頻度の縮小、営業時間の短縮が生じるなか、代替手段や代替ルート、疎密情報をワンストップで提供し、非接触でトレーサビリティを確保した移動サービスが、ライフラインを維持していく業務に従事するエッセンシャルワーカーにとっても重要な役割を果たしてきた。また、移動回復計画（リカバリープラン）を策定し、暫定自転車レーンや暫定バスレーン、歩車共存道路や歩行者天国などを確保する取り組みが世界中で拡がった。コロナ禍においては、「移動」が高リスクと認識されるなか、安心して移動できるフィジカルな都市空間を確保し、デジタルな情報空間である MaaS と融合し、危機におけるレジリエントなモビリティサービスが誕生したと言っても過言ではない（図13）。

　たとえば、ロンドン市ではロックダウン解除後、2020年5月に「ストリート・スペース・プログラム」を発表し、街路空間を暫定的に自転車や歩行者に優先配分する緊急対策を実施してきた。ロンドン交通局（TfL）の発表では、徒歩と自転車の利用率が2020年1月から3月までは29％、ロックダウン解除後の2020年4月から6月までは46％に急増した（図14）。7月から

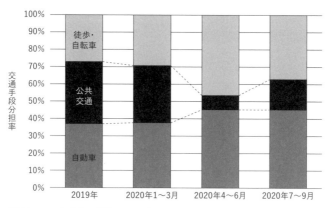

図 14　ロックダウン前後のロンドンの交通分担率の変化
（出典：TfL（2020）Travel in London, Report 13 をもとに作成）

9月は37%で推移し、コロナ発生以前の状況を超える行動変容が続いている。また、8月には交通局が公共交通の混雑状況に合わせて徒歩や自転車の代替手段利用を促す MaaS アプリ「TfL GO」をリリースし、フィジカルとデジタルを融合した政策を進めている。

　一方、日本においては、歩行者天国の中止や商店街に対するネガティブな報道などが生じた。自転車利用の需要が急増したにもかかわらず、歩行者や自転車利用者が安心して移動できるインフラの拡充は、残念ながらほとんど行われていない。また、公共交通分野のデジタル化やオープン化が進んでいないことで、危機下において移動サービスの低下が避けられない事態を露呈した。

　他方、交通事業の経営が一層深刻化しているなか、1章で紹介したように with コロナ時代に対応した新しいモビリティサービスが果敢に始まっている。JR 西日本は 2020 年 9 月から観光と移動が一体となった MaaS を開始、小田急電鉄も MaaS をアップデートし、UI の改良や疎密の予測情報を追加した。東急等の伊豆の MaaS の実証実験は第 3 ステージを迎え、トヨタ系ディーラーは横浜ベイエリアで MaaS をスタートさせている。いずれも移動の安心を緩やかに回復し、日本の経済回復やまちづくりを牽引していこう

という強い思いが込められたプロジェクトばかりだ。

2) オープンデータによる迅速な政策決定

　さらに、MaaS によって収集されるビッグデータが、コロナ禍への迅速な対応や移動回復計画の実行やモニタリングにおいて活用され、エビデンスに基づく政策決定（EBPM）において重要な役割を果たしてきた（1章参照）。日本で連日報道されたようなマクロな移動量の増減に一喜一憂することなく、交通手段ごとの詳細な利用状況や稼働状況が把握され、持続可能な都市経営として、MaaS の役割は一層重要となっていくだろう。

3) 再起動する新しいモビリティサービス

　ロックダウン解除後には、非接触で自動化され、オンデマンドに顧客目線で移動を支援するサービスは世界で加速、モビリティ革命が再起動している。2020 年 10 月にはアメリカ・アリゾナ州で Google の自動運転タクシーが、運転手が乗車しない商用サービスとして再開、2020 年 12 月には General Motors がサンフランシスコで同様の自動運転タクシーを開始、Amazon も同年 12 月に自動運転車両を発表している。

　また、交通サービスのデジタル化は必須の時代であり、大量輸送機関に加えて、新たなモビリティサービスが時間や空間を補完し、地域全体のサービス水準を維持していく取り組みが重要になっていくだろう。人口減少も相まって、大量輸送機関の運行時間短縮やサービス縮小が余儀なくされるなか、個別輸送との時間・空間の連携は大きな課題だ。

4) 行動変容を促すプライシング

　すでに通勤・通学の定期券利用が浸透している社会で、携帯電話や映画、音楽のように定額課金制で使いたい放題のサブスクリプションをどのように

表1　MaaSによるサブスクリプションの例

方　法		代表例
特定手段の乗り放題		福岡（my route）
特定区間の乗り放題	鉄道、バス等特定手段のみ	欧米のゾーン運賃制導入地域
	既存交通手段＋新モビリティ	高雄（Men-Go） ヘルシンキ（Whim） スイス（yumuv） ジュネーブ（zenGo）
乗り放題＋従量制の組み合わせ	既存交通手段（乗り放題）＋ 新モビリティ（従量制）	ハノーバー（Üstra） ストックホルム（UbiGo）

設計するかが、今後の交通事業者の経営において重要課題だ。

　これまで日本では、出発地から目的地までの区間内において、特定の交通手段を指定し、その区間内では乗り放題になるというのが一般的だった。一方、欧米で進められている新しいサービスは、区間内に交通手段を定めず乗り放題になるサービス、鉄道やバス等の既存の交通手段に加えて、自転車シェアリングやカーシェアリングの利用も乗り放題になるサービス（たとえば、ドイツ・アウグスブルク、スイス、スイス・ジュネーブ）、定額制乗り放題の既存の交通手段と、利用した分に応じて課金する従量制の新しいモビリティを組み合わせたサービス（たとえば、ドイツ・ハノーバー、スウェーデン・ストックホルム）など、豊富なバリエーションが生まれている（表1）。

　コロナ禍において、先に紹介した台湾・高雄市では、公共交通と自転車シェアリングやタクシー等が乗り放題となるMaaSの価格を半年間ほど50％オフなどにするダイナミックプライシングを実施して緩やかに需要回復を促し、効果を上げている例も出てきている。

　また、サブスクリプション以外にも、ポイントにより人々の行動変容を促す取り組みも注目されている。たとえば、航空会社のマイレージサービスのように移動距離に応じてマイレージが獲得でき、徒歩や自転車、公共交通などのグリーンモビリティを利用するとポイントが15〜20倍になる「Miles

（マイルズ）」は、コロナ禍でアメリカを中心に会員数が 30 万人以上に伸びている。

　一方、静岡では、静岡鉄道が混雑状況に応じたクーポンを発行する MaaS の実証実験を 2020 年 11 月から開始した。地元の商店街等でそのクーポンを使って買い物ができるといった、移動と小売りを組み合わせながら混雑回避を促す最先端の取り組みも始まっている。

　このような定額制や割引、ポイントなどが人々の行動にどのような影響を与えるのかは、まだ交通分野においての知見は少ない。一方で栃木県小山市のコミュニティバス「おーバス」で 7 割引の市内乗り放題サービスを導入したことで総利用収入が増加した事例、熊本市中心部の商業施設「サクラマチクマモト」の開業日に合わせて、九州産業交通ホールディングスが運営するバス・電車の運賃を無料化したところ、利用者数が前週に比べて約 2.5 倍に増え、バス路線によっては 3 〜 4 倍に達した事例などが報告されている。また福岡の MaaS「my route」では、6 時間や 24 時間乗り放題の電子チケットの販売がこのコロナ禍でも好評と聞く。

　MaaS は地域の政策目標を実現していくための手段であり、利害関係者が共通のビジョンを持ち、人々に正しい情報と選択肢を提供しながら、持続可能な社会を構築していくことが大切だ。人々の行動変容を自発的に促していくためには、プライシングが有効な手法の一つとして取り組みが加速するだろう。数多くの知見を蓄積し共有しながら、グリーンイノベーションを牽引する MaaS は今後、その技術やサービスをますます進化させていくに違いない。

おわりに

　全国各地のMaaS事業やスマートシティ事業に筆者が本格的に関わり、8年以上が経過した。その多くは実証実験にとどまらず、本格運用や事業化に結びついた取り組みとなっており、多くの方々とのご縁や尽力があって成しえたものばかりだ。

　MaaSに取り組むことは、これまで我々が目を伏せてきたあらゆる不都合にいやが応でも直面することとなる。東急ほかが手掛ける観光型MaaS「Izuko」の立役者である森田創氏のベストセラー『MaaS戦記』のタイトルが、まさにそのことを物語っている。MaaSに携わるということは、それなりの覚悟と矜持が必要だ。理想と現実とのギャップに葛藤し、利害が輻輳_{ふくそう}するなかで苦労も多い。一方、これまで一緒に事を成し遂げることなど想像すらできなかった人たちと共に同じ目標に向かってチャレンジしていく過程で、想像を超えた化学反応が起きる瞬間に立ち会えたことは、MaaSとの出会いがなければ経験しえなかったものだ。

　モビリティ革命はこのコロナ禍で加速しており、今後の都市づくりにもさらに大きなインパクトを及ぼしていくこととなるだろう。本書で繰り返し述べてきたように、MaaSを単なる異なる移動手段を統合したサービスとして捉えるのではなく、都市や移動産業のDXとして、人々の行動変容を促していく新しい技術として、スマートシティを牽引する手段として、その本質を理解し、エコシステムを市民と共生していくことが大切だ。

　本書は数多くの有識者や経営者、実務者の方々との出会い、議論や共働がなければ成しえなかった。ここに深く感謝を申し上げたい。特に、政府の未来投資会議でプレゼンをする機会をいただいた石田東生氏（筑波大学名誉教授）、都市工学の理念をいつもご教示いただいた中村文彦氏（横浜国立大学教授、JCoMaaS代表理事）、MaaSという新しい旅の出会いをいただいた日高洋祐氏（MaaS Tech Japan代表取締役）、井上岳一氏（日本総合研究所シニアスペシャリスト）、井上佳三氏（自動車新聞社代表取締役、LIGARE

編集長）、勝俣哲生氏（日経クロストレンド副編集長）、欧州の最新動向調査にご一緒する機会をいただいた丸川裕之氏（日本プロジェクト産業協議会専務理事）には、改めて感謝の念をお伝えしたい。また、日々まちづくりの本質を指導いただいている黒川洸氏（計量計画研究所会長）、岸井隆幸氏（計量計画研究所代表理事）にも感謝申し上げたい。

　本書の出版・編集にあたっては、筆者の抱いている次世代の交通まちづくりの価値を筆者以上に理解いただいた学芸出版社の宮本裕美氏および森國洋行氏に感謝を申し上げたい。そして、コロナ禍で移動とは何か、家族とは何かを共に考え、献身的に支えてくれた家族にも感謝したい。

　日本再興のため、今も現場でMaaSやスマートシティに果敢に取り組んでいる方々、交通崩壊を抑止するために全力で取り組んでいる方々がいる。本書とともに彼らにエールを送りたい。最後まで読んでいただきありがとうございました。

2021年1月

牧村和彦

牧村和彦（まきむら・かずひこ）

一般財団法人計量計画研究所理事、研究本部企画戦略部長。モビリティ
デザイナー。東京大学博士（工学）。1990 年一般財団法人計量計画研究
所（IBS）入所。筑波大学客員教授、神戸大学客員教授、南山大学非常勤
講師。一般社団法人 JCoMaaS 理事、一般社団法人日本モビリティ・マ
ネジメント会議理事。
将来の交通社会を描くスペシャリストとして活動。内閣官房未来投資会
議、官民連携協議会等に参加。経済産業省スマートモビリティチャレン
ジ推進協議会企画運営委員、国土交通省 MaaS 委員会の臨時委員、国土
交通省ユニバーサル社会における MaaS の活用方策についての研究会委
員、国土交通省バスタプロジェクト推進検討会委員等を務める。
代表的な著書に、『MaaS ―モビリティ革命の先にある全産業のゲーム
チェンジ』『Beyond MaaS ―日本から始まる新モビリティ革命』（以上共
著、日経 BP）など多数。

MaaS が都市を変える
移動 × 都市 DX の最前線

2021 年 3 月 10 日 初版第 1 刷発行

著者	牧村和彦
発行所	株式会社 学芸出版社
	京都市下京区木津屋橋通西洞院東入
	電話 075-343-0811　〒600-8216
発行者	前田裕資
編集	宮本裕美・森國洋行
装丁	ym design
DTP	梁川智子（KST Production）
印刷・製本	モリモト印刷